Module Erziehungswissenschaft

Band 4

Reihe herausgegeben von
Hedda Bennewitz, Universität Kassel, Kassel, Hessen, Deutschland
Andrea Kleeberg-Niepage, Europa-Universität Flensburg, Flensburg, Schleswig-Holstein, Deutschland
Sandra Rademacher, Europa-Universität Flensburg, Flensburg, Schleswig-Holstein, Deutschland

‚Module Erziehungswissenschaft' ist eine moderne Lehrbuchreihe, die der Organisationsstruktur erziehungswissenschaftlicher Studiengänge in Modulen entspricht. Jede Einführung greift einen Kernbegriff oder Gegenstandsbereich auf, der zentral für die Modulbeschreibungen zum Studium an Hochschulen ist. In übersichtlichen und klar gliederten Darstellungen finden Studierende einen komprimierten Überblick zum Fachgegenstand. Definitionen, zusammenfassende Übersichten und kommentierte Literaturhinweise helfen, das Gelernte zu vertiefen. Damit wird ein sicherer Einstieg in die zentralen Begriffe und Lernfelder der Erziehungswissenschaft ermöglicht. Die Konzeption der Bücher orientiert sich eng am Studien- und Arbeitsalltag von Studierenden und Dozentinnen und Dozenten. Im Laufe eines Semesters lassen sich die „Module" oder einzelne Kapitel als „Teilmodule" daraus effektiv in Seminarveranstaltungen – oder als Vor- und Nachbereitung von Vorlesungen – einsetzen und bearbeiten. Ziel der Reihe ‚Module Erziehungswissenschaft' ist es, ein gesichertes Basiswissen für das Fach Erziehungswissenschaft in Form von modul-orientierten Lehrbüchern zu entwickeln und bereitzustellen.

Weitere Bände in der Reihe http://www.springer.com/series/15089

Merle Hummrich · Saskia Terstegen

Migration
Eine Einführung

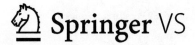

Merle Hummrich
Goethe-Universität Frankfurt am Main
Frankfurt am Main, Deutschland

Saskia Terstegen
Goethe-Universität Frankfurt am Main
Frankfurt am Main, Deutschland

ISSN 2524-3519   ISSN 2524-3527   (electronic)
Module Erziehungswissenschaft
ISBN 978-3-658-20547-8   ISBN 978-3-658-20548-5   (eBook)
https://doi.org/10.1007/978-3-658-20548-5

Die Deutsche Nationalbibliothek verzeichnet diese Publikation in der Deutschen Nationalbibliografie; detaillierte bibliografische Daten sind im Internet über http://dnb.d-nb.de abrufbar.

Springer VS
© Springer Fachmedien Wiesbaden GmbH, ein Teil von Springer Nature 2020
Das Werk einschließlich aller seiner Teile ist urheberrechtlich geschützt. Jede Verwertung, die nicht ausdrücklich vom Urheberrechtsgesetz zugelassen ist, bedarf der vorherigen Zustimmung des Verlags. Das gilt insbesondere für Vervielfältigungen, Bearbeitungen, Übersetzungen, Mikroverfilmungen und die Einspeicherung und Verarbeitung in elektronischen Systemen.
Die Wiedergabe von allgemein beschreibenden Bezeichnungen, Marken, Unternehmensnamen etc. in diesem Werk bedeutet nicht, dass diese frei durch jedermann benutzt werden dürfen. Die Berechtigung zur Benutzung unterliegt, auch ohne gesonderten Hinweis hierzu, den Regeln des Markenrechts. Die Rechte des jeweiligen Zeicheninhabers sind zu beachten.
Der Verlag, die Autoren und die Herausgeber gehen davon aus, dass die Angaben und Informationen in diesem Werk zum Zeitpunkt der Veröffentlichung vollständig und korrekt sind. Weder der Verlag, noch die Autoren oder die Herausgeber übernehmen, ausdrücklich oder implizit, Gewähr für den Inhalt des Werkes, etwaige Fehler oder Äußerungen. Der Verlag bleibt im Hinblick auf geografische Zuordnungen und Gebietsbezeichnungen in veröffentlichten Karten und Institutionsadressen neutral.

Springer VS ist ein Imprint der eingetragenen Gesellschaft Springer Fachmedien Wiesbaden GmbH und ist ein Teil von Springer Nature.
Die Anschrift der Gesellschaft ist: Abraham-Lincoln-Str. 46, 65189 Wiesbaden, Germany

Danksagung

Die Autor/innen bedanken sich herzlich bei Hannah Spuhler, die sich unglaublich schnell und versiert in das Buch eingearbeitet und an der Korrektur und Literaturverwaltung des Bandes beteiligt hat. Ihr Beitrag war bei der Fertigstellung des Bandes eine sehr große Unterstützung.

Inhaltsverzeichnis

1 Migration: Begriffsbestimmungen und pädagogische Diskurse 1
  1.1 „Migration": Ursachen, Begriff und Bedeutung für schulpädagogische Zusammenhänge 1
  1.2 Deutschland als Migrationsgesellschaft und die Bezeichnungen „der" Migrant/innen...................... 6
  1.3 Zwischen Schulpflicht und „Othering" – Perspektiven auf Bildungsbe(nach)teiligungen von Migrant/innen........... 11
  1.4 Ansätze pädagogischen Handelns in der Migrationsgesellschaft seit 1955........................... 16
    1.4.1 Ausländerpädagogik und Interkulturelle Pädagogik 16
    1.4.2 Kritische Auseinandersetzungen mit der Interkulturellen Pädagogik 24
    1.4.3 Reflexive Interkulturalität – ein Resümee............... 28
  Literatur zur Vertiefung 31
  Einzelnachweise.. 32

2 Analytische Betrachtungen systemischer Bedingungen von Schule in der Migrationsgesellschaft: Institutionelle Diskriminierung und Rassismuskritik 35
  2.1 Institutionelle Diskriminierung........................... 35
  2.2 Rassismuskritik – analytische Perspektiven auf Rassismus 39
  2.3 Kulturrassismus als soziale Praxis 44
  Literatur zur Vertiefung 49
  Einzelnachweise.. 50

3 Verhandlung von Migration und Zugehörigkeit im schulischen Kontext – eine Fallanalyse 53
3.1 „Ich bin der Meinung, dass ich Flüchtlinge nicht bei mir wohnen lassen würde". Zur unterrichtlichen Legitimation der Verwehrung von Zugehörigkeit. 54
3.2 „Ein Hoch auf die internationale Solidarität" – über die doppelte Zurückweisung einer Schülerinnenleistung 65
3.3 Kurze Zusammenfassung der Interpretationsergebnisse 73
Literatur zur Vertiefung 75
Einzelnachweise 75

4 Migration: Theoretisierungsperspektiven und professionelle Herausforderungen. 77
4.1 Rassismuskritische Perspektiven und institutionelle Diskriminierung revisited: Anmerkungen zum Fall 77
4.2 Professionalisierungsstrategien und Arbeitsbündnisse unter migrationsgesellschaftlichen Bedingungen 84
    4.2.1 Ein professionalisierungstheoretischer Ansatz: Pädagogische Antinomien und Arbeitsbündnisse 86
    4.2.2 Die Arbeitsbündnisse mit Peer und Pelin 93
    4.2.3 Arbeitsbündnisse und pädagogisches Handeln in der Migrationsgesellschaft. 99
4.3 Perspektiven auf Schule in der Migrationsgesellschaft. 102
    4.3.1 Rassismuskritik und Differenzsensibilität als Aufgaben für Schulentwicklung 102
    4.3.2 Professionalisierungstheoretische Perspektiven 105
    4.3.3 Reflexionen auf die Involviertheit von pädagogisch Professionellen in migrationsgesellschaftliche Verhältnissen 108
Literatur zur Vertiefung 110
Einzelnachweise 111

5 Migration und Bildung – weiterführende Perspektiven 115
5.1 Migration, Sprache und Teilhabe 115
5.2 Migration und Positionierungen pädagogisch Professioneller. 117
5.3 Migration und die Debatte um schulische Leistungen 118
5.4 Migration und die Sozialisationskontexte Familie und Peergroup 119

5.5	Unterschiedliche Kontexte und Arten der Diskriminierung	121
5.6	Die Bedeutung postkolonialer Theorien in der erziehungswissenschaftlichen Migrationsforschung	124
5.7	Flucht und Grenze in pädagogischen Kontexten	125
5.8	Migration, Nationalismus und Transnationalisierung – ein Ausblick	127
Literatur zur Vertiefung		129
Einzelnachweise		130

Migration: Begriffsbestimmungen und pädagogische Diskurse

1.1 „Migration": Ursachen, Begriff und Bedeutung für schulpädagogische Zusammenhänge

Wir leben in einer Migrationsgesellschaft. Das heißt nicht, dass es neben einer „normalen" Gesellschaft eine weitere Gesellschaftsform (z. B. im Sinne einer sog. Parallelgesellschaft) gäbe, sondern dass die gesellschaftliche Realität durch migrationsbedingte Diversität gekennzeichnet ist. Das Zusammenleben von Menschen unterschiedlicher Herkunft und Migrationsgeschichten ist aus dem Alltag der meisten in Deutschland lebenden Menschen nicht mehr wegzudenken. Das ist selbstverständlich auch für gesellschaftliche Institutionen relevant. So hat sich die Schule in den letzten 60 Jahren enorm gewandelt. War sie bis dahin noch als nationales Projekt der „Volks-Bildung" ausgerichtet, so wurde sie mit steigender migrationsbezogener Diversität der Schülerschaft zunehmend interkulturell und international. Gleichzeitig ist Schule bis heute ein Ort, an dem sich die Spuren einer national verfassten Gesellschaftsidee einschreiben. Schule in der Migrationsgesellschaft befindet sich in einem Spannungsfeld zwischen diesen (national-)gesellschaftlichen Bezügen und den pluralen Lebensentwürfen und Migrationsgeschichten der in dieser Gesellschaft lebenden Menschen.

Migration kommt von dem lateinischen „migrare" und heißt wörtlich übersetzt „Wanderung". Doch wenn heute von Migration gesprochen wird, dann ist mehr als eine Ortsveränderung gemeint. Migration kann unterschiedliche Ursachen haben. Betrachten wir Wanderungsbewegungen aus und nach Europa, so zeigt sich allerdings ein durchgängiges Motiv für Migrationsbewegungen: Es geht darum, die eigenen Lebensbedingungen durch einen Ortswechsel zu verbessern. Dies gilt auch für mehrfache Migration, die kein einmaliges Ereignis im Lebenslauf darstellt, sondern vielmehr als permanente Überschreitung von Grenzen aufgefasst werden kann. Zeitweise in verschiedenen Ländern zu leben oder zum Beispiel regelmäßig Staatsgrenzen zu überschreiten und dabei sogenannte transnationale Beziehungen aufzubauen stellt heute eine Realität für viele Menschen dar. Mit Migration verbunden sind dabei nicht nur individuelle Beweggründe, sondern Migration hat immer auch eine politische und wirtschaftliche Dimension (Sassen 2017). Antike Berichte von Wanderungen – etwa der Griechen nach Südfrankreich – verweisen bereits auf diese Motive. Gleichzeitig waren Völkerwanderungen nicht selten von kriegerischen Auseinandersetzungen und Eroberungsfeldzügen gekennzeichnet.

Heute ist Einwanderung ein weitgehend bürokratisierter Prozess. Wer aus einem Land aus- und in ein anderes einwandern möchte, ist gehalten, offizielle Wege zu gehen – etwa eine Arbeitserlaubnis vorzuweisen oder einen Asylantrag zu stellen. Die bürokratischen Prozesse stellen dabei organisationsförmige Routinen dar, mit denen Einwanderung politisch begegnet und mithilfe derer sie gesteuert wird. So müssen einige Personen Anträge stellen, um in Deutschland verweilen zu können, andere nicht (z. B. Nicht-EU-Bürger/innen im Vergleich zu EU-Bürger/innen).

Immer noch wird in diesem Zusammenhang mit der Vorstellung operiert, das sogenannte „Pull-push-Modell" erkläre Migration. Dieses Modell schreibt Migrationsursachen als vor allem durch ökonomische Bedingungen und rationale Entscheidungen bedingt fest: An einem Ort (Land, Stadt, Dorf o. Ä.) leben Menschen, die zum Beispiel arm sind und in der Perspektive von Gesellschaften, die sich als westlich und modern verstehen, als rückständig gelten. Sie werden von diesem Ort „weggedrückt" (push). Dabei wird unterstellt, dass ein anderer Ort mehr Attraktivitäten bietet (Wohnraum, Arbeit, Bildung), die jene Menschen anziehen (pull) und gleichzeitig das Versprechen in sich tragen, sie – z. B. als Arbeitskräfte – zu brauchen (vgl. Lee 1966).

Die Erklärungsgrenzen dieses Modells liegen darin, dass Migration als Einbahnstraße gedacht wird. Es wird somit nur ein kleiner Ausschnitt von Migration berücksichtigt, nämlich Arbeitsmigration. Für diese wird ein Normalfall festgeschrieben: Man reist aus dem einen Land aus und kommt im anderen an, um die eigene wirtschaftliche Lage zu verbessern. Dabei handelt es sich um eine sehr vereinfachte Vorstellung von Migrationsprozessen. Dass diese zumeist komplexer sind, indem zum Beispiel Landesgrenzen auch nach einem ersten „Ankommen" erneut und wiederholt überschritten werden (wie in Bezug auf Transnationalisierung deutlich wird), wird hierbei nicht bedacht. Der prozesshafte Charakter von Migrationsbewegungen tritt so in den Hintergrund. Ein solches Denken von Migration als „Einbahnstraße" rückt ebenso die unterschiedlichen Rechte, die zum Beispiel mit einer bestimmten Staatsbürgerschaft einhergehen, aus dem Blickfeld.

Dass die Gründe, aus denen Menschen migrieren, vielfältig sind und sich nicht als einfacher Ursache-Wirkungs-Zusammenhang zusammenfassen lassen, zeigt auch das Beispiel von Fluchtbewegungen. Hier erzwingen lebensbedrohliche Umstände die Migration. Eine weitere Form wäre z. B. Vertreibung, das heißt die Verfolgung und Ausweisung bestimmter Personengruppen aus einem Land. Auch wirtschaftliche Gründe können zur existenziellen Bedrohung werden. Die oft gezogene Unterscheidung zwischen Migration als freiwilliger und Flucht als unfreiwilliger Akt erscheint damit wenig sinnvoll. Mit Arbeitsmigration und Flucht sind lediglich zwei Migrationsformen benannt, die mit unterschiedlichen Lebensgeschichten und insofern auch mit sehr viel komplexeren Gründen für Migration verbunden sind, als es einige Erklärungsversuche (wie das Push-pull-Modell) nahelegen.

Die Soziologin Annette Treibel schreibt, dass es sich bei Migration um „gravierende soziale Einschnitte" (Treibel 1999, S. 13) handelt: „1. Für die betroffenen *Individuen,* deren Orientierungen, Verhaltensweisen und sozialen Kontexte; 2: für die betroffenen *Gruppen,* zu denen der/die Wandernde a) gehört hat, b) aktuell gehört bzw. sich zugehörig fühlt, c) und auf die er/sie bei der Ankunft stößt; 3. für die aufnehmende und abgebende *Gesellschaft* (bzw. deren soziale und ökonomische Strukturen)" (ebd.). Diese Definition spricht einerseits den biografischen Kontext von Migration, andererseits soziale Beziehungen und die Veränderung von Gesellschaften durch Migration an. Migration kann also ein biografisch bedeutsamer Prozess sein, in dem sich migrierende Menschen auch selbst verändern, da sie gewohnte Kontexte verlassen und neue hinzukommen. Damit ist Migration nicht eindimensional als Aufbrechen – Ankommen zu denken, sondern viele Menschen verlassen auch den Ort des Ankommens wieder (sodass dieser ein weiterer Ort des Aufbruchs wird) und kommen an einem neuen Ort an.

Treibels Definition verdeutlicht auch, dass Migration bisherige Orientierungen (z. B. Normen) irritieren kann. So kann die bisher gesprochene Sprache unter Umständen an einem neuen Ort keine Möglichkeit der Verständigung mehr bieten, wenn sie nicht von vielen anderen Menschen am gleichen Ort gesprochen wird. Fehlende Konzepte von Mehrsprachigkeit in der Schule und in anderen Institutionen führen häufig dazu, dass Mehrsprachigkeit kaum anerkannt wird, und stellen Migrant/innen vor vielfältige Barrieren. Migrant/innen sind also gefordert, sich in neuen sozialen Zusammenhängen zu orientieren – oft, indem sie dazu angehalten werden, die Sprache des Landes zu perfektionieren, in das sie migrieren. Doch verändern sich Gesellschaften auch durch Migration. Treibels Unterscheidung in „aufnehmende" und „abgebende" Gesellschaften mag den Anschein erwecken, dass Migration als einmaliges Ereignis gedacht wird, jedoch ist dies nicht der Fall. Jede Migrationsbewegung hat gesellschaftliche Veränderungen zur Folge. Deutschland war bis in die 1970er Jahre ein Auswanderungsland. Das heißt: Es sind mehr Menschen aus- als eingewandert. Ab den 1970er Jahren wurde es jedoch zu einem Einwanderungsland und damit waren die Gesellschaft und ihre Systeme gefordert, sich zu verändern.

Wahrnehmbar ist eine solche Veränderung der Gesellschaft zum Beispiel dadurch, dass es in der Schule Sprachenvielfalt gibt. Es kann also nicht (mehr) selbstverständlich davon ausgegangen werden, dass alle Menschen in einer Gesellschaft mit derselben Sprache auf die Schule treffen (vgl. Gogolin 1994; Hummrich und Krüger-Potratz 2020). Mehrsprachigkeit wurde bis in die 1960er und 70er Jahre als eine Randerscheinung gewertet, da es nur einige sprachlich anerkannte Minderheiten (Dänen in Schleswig-Holstein, Sorben in Sachsen) gab. Durch Migration war Mehrsprachigkeit aber nicht mehr nur auf Regionen wie die genannten begrenzt, sondern ist im gesamten deutschen Bildungssystem angekommen. Das Bildungssystem ist daher gefordert, Umgangsstrategien für Zwei- oder Mehrsprachigkeit zu finden, Migration damit also schulisch anzuerkennen und zugleich Formen von Bildungssprache zu vermitteln. Dies wirft die Frage auf, wie mit Zwei- oder Mehrsprachigkeit umgegangen wird und welche Möglichkeiten es gibt, Bildungssprache(n) zu vermitteln.

Eine andere Frage, mit der sich auch andere Bildungssysteme auseinandersetzen müssen, ist das Wissen darum, dass das Bildungssystem in Deutschland nicht zwingend vergleichbar mit denen anderer Länder ist und Strukturen ggf. überdacht werden müssen. Das Selbstverständnis von Institutionen wie der Schule ist z. B. mit bestimmten Vorstellungen darüber verbunden, wie der schulische Jahreszyklus (Schulferien, Feiertage) funktioniert und wie das Schulsystem selbst mit seinen groben Strukturen (in Deutschland: 4–6 Jahre Grundschule, segregiertes Bildungssystem/segregierte Bildungsabschlüsse, duale Ausbildungswege, Studium) aufgebaut ist. Dies ist für Eltern und Kinder, die selbst nicht im deutschen Schulsystem sozialisiert worden sind, keineswegs selbstverständlich.

Sprachenvielfalt und implizites Wissen über die Schulorganisation sind nur zwei Beispiele, die die Komplexität dessen umfassen, was mit Migration gemeint ist. Migrationsgesellschaften finden für die Aufgaben, die sich ihnen stellen, unterschiedliche Umgangsstrategien. Wie heterogen diese sind, ist insbesondere an Debatten zu Fluchtmigration seit 2015 nachvollziehbar. Zwischen „Willkommenskultur", der Festlegung von Kontingenten von Personen, die einreisen dürfen, einem sogenannten „Masterplan", wie ihn Horst Seehofer 2018 vorlegte, und der prinzipiellen Abwehr von als „Flüchtlingen" markierten Personen gibt es unterschiedliche Modelle der Aufnahme – und schließlich auch unterschiedliche Modelle der Integration geflüchteter Kinder und Jugendlicher in die Bildungssysteme.

Die Bildungssysteme und die Einzelschulen selbst sind schließlich gefordert, sich mit der Gestaltung von Schule in der Migrationsgesellschaft auseinanderzusetzen, also auch mit der Frage, welcher Modus der sprachlichen Integration gewählt wird und wie mit der Wahrnehmung einer durch ethnische Diversität gesteigerten Heterogenität in Bezug auf normative Orientierungen umzugehen sei.

Man kann dabei auch so weit gehen zu behaupten, dass die Art, wie Bildungssysteme und ihre Institutionen (also: Schulen) sich auf Migration beziehen, auch darauf verweist, welche Zugehörigkeitskonstruktionen gesamtgesellschaftlich wirksam werden und welche Teilhabechancen es dort für Migrant/innen und ihre Kinder gibt.

▶ Teilhabe, oder auch Partizipation, meint die Einbeziehung von Kindern und Jugendlichen in institutionelle und gesellschaftliche Zusammenhänge. Sie gilt in sich als modern demokratisch entwerfenden Gesellschaften als Recht, auf das hin sich Systeme und Institutionen immer wieder befragen (lassen müssten).

Hier deutet sich schließlich die Relevanz an, sich als künftig pädagogisch Handelnde in der Schule mit dem Thema Migration zu befassen. Schule ist mehr als Unterricht und damit mehr als die Frage der Ausbildung von Kompetenzen im Handeln mit konkreten Schüler/innen, die migriert sind. Schule ist eine Institution, die gesellschaftliche Funktionen erfüllt, wie die Befähigung der nachwachsenden Generation, an Gesellschaft teilzuhaben und ihren Platz zu finden (zur Selektions-, Allokations- und Qualifizierungsfunktion: Fend 1980, vgl. Abschn. 4.2). Schule ist aber auch eine Art „Gatekeeper", über die bestimmte gesellschaftliche Positionen, (z. B.) die Zugänge zu bestimmten Ausbildungsgängen, reguliert werden. Damit werden in Schule nicht nur Wissen vermittelt und Funktionen (Selektion, Allokation, Qualifikation) erfüllt, sondern es schreiben sich auch gesellschaftliche Ungleichheits- und Differenzierungsverhältnisse in das schulische Handeln ein.

▶ Sich als künftige/r Pädagog/in mit Migration zu befassen hat somit etwas mit pädagogischer Professionalisierung zu tun und damit, sich mit der Realität der Migrationsgesellschaft auseinanderzusetzen. Dass Schule als nationalstaatliches Projekt durch Migration herausgefordert wird, ist nicht nur eine Frage politischer Entscheidungen und Haltungen, sondern auch eine, in der es um pädagogisches Handeln geht, das den Auftrag hat, allen Schüler/innen die Teilhabe an der Gesellschaft zu ermöglichen. Pädagogisches Handeln muss sich also als reflexives Handeln mit den gesellschaftlichen Bedingungen und den individuellen Bedürfnissen jüngerer Generationen auseinandersetzen. Das bedeutet, dass einerseits die Bedingungen der Migrationsgesellschaft zu reflektieren sind, andererseits die eigenen Unterscheidungspraxen und Handlungsweisen daraufhin befragt werden müssen, inwiefern sie jungen Menschen gesellschaftliche Teilhabe ermöglicht.

1.2 Deutschland als Migrationsgesellschaft und die Bezeichnungen „der" Migrant/innen

Die Geschichte der Entwicklung Deutschlands zur Migrationsgesellschaft ist bereits vielfach – auch mit Blick auf schulische Bildung – beschrieben worden (Hummrich und Krüger-Potratz 2020). Hier sollen einige Schlaglichter benannt werden, die maßgeblich für den pädagogischen Umgang mit Migration sind. Die in diesem Zusammenhang aufgeführten Quellen mögen als weiterführende Orientierungen dienen, sich systematischer mit dem Thema auseinanderzusetzen. Relevant ist, dass Migration „in gesellschaftspolitischen Machtverhältnissen stattfindet" (Hintermann und Herzog-Punzenberger 2018, S. 25).

Mit der Herausbildung von Nationalstaaten im 18. und 19. Jahrhundert hält auch die rechtliche Unterscheidung zwischen Staatsangehörigen und sogenannten Ausländern Einzug in die Auseinandersetzung um Migration. Es wird versucht, Migration politisch-rechtlich zu steuern, zum Beispiel durch die Festlegung von Bedingungen für die Einwanderung, die der Genehmigung von Einreise*anträgen* zugrunde liegt, oder das Verbot auszuwandern, wie es für viele Länder des sogenannten Ostblocks galt (ebd.). Damit einher gehen auch Differenzierungen zwischen „uns"/den Einheimischen" und „den Anderen"/„Ausländischen" und der Idee einer Nation, in der das „Volk" eine Einheit oder Gemeinschaft bildet (Radtke 2004).

▶ „Der Begriff des ‚Volkes' übernimmt im Prozess der Nationwerdung mehrere Funktionen. Er überbrückt im Inneren soziale Standes- und Klassenunterschiede, wie er nach außen dazu dient, die Einheit eines Gemeinwesens zu behaupten und seine Grenzen zu bestimmen. Der Begriff eröffnet sowohl Anspruch auf Ein- bzw. Ausschluss (‚Vereinigung') der noch Ausgeschlossenen als auch die Möglichkeit der Ausgrenzung der anwesenden, aber abzuweisenden ‚Fremden' (‚Diskriminierung')" (ebd., S. 625).

1.2 Deutschland als Migrationsgesellschaft ...

In der Folge sind unterschiedliche Begrifflichkeiten entstanden, mit denen die Differenzierung in das Innen und das Außen einer Nation gesteuert wird. Ein Beispiel hierfür ist unter anderem der im 19. Jahrhundert aufkommende Begriff der Ethnie, mit dem auch wissenschaftlich eine Terminologie gefunden wird, die habituelle Ähnlichkeiten und Gebräuche an eine Abstammungsgemeinschaft zu knüpfen versucht (ebd.). So formuliert, wird schnell deutlich, dass hiermit verbundene behauptete Unterschiede sozial und wissenschaftlich konstruiert sind. Sie werden also – das zeigt schon Max Weber zu Beginn des 20. Jahrhunderts – erst hergestellt. Damit sind behauptete Unterschiede als analytische Begriffe nicht nutzbar, werden aber zur politischen Mobilisierung genutzt (ebd., S. 628).

Illustrieren lässt sich dies anhand der Bezeichnungen für Migrant/innen in der Nachkriegszeit.

Die Nachkriegszeit in Westdeutschland weist hinsichtlich des Umgangs mit Migration einige Parallelen, aber auch Unterschiede zu Ostdeutschland auf. In den 1950er Jahren erfolgte in beiden Ländern wirtschaftlicher Aufschwung, der nicht allein mithilfe der inländischen Arbeitsbevölkerung zu bewerkstelligen war. Infolgedessen wurden ausländische Arbeitskräfte angeworben: im Westen ab Mitte der 1950er Jahre vornehmlich Personen aus Südeuropa und dem vorderen Asien, im Osten ab Mitte der 1960er Jahre aus den sozialistischen Bruderländern. Sowohl die damalige BRD als auch die DDR erachteten diese Anwerbung als zeitlich begrenzte Angelegenheit und darum war die Bezeichnung der angeworbenen Arbeitskräfte auch eine, in der sich die zeitliche Begrenztheit artikulierte: Im Westen wurden die Menschen nicht-deutscher Herkunft Gastarbeiter genannt, im Osten Vertragsarbeiter (Frauen wurden in diesen Bezeichnungen damals selten mitgedacht).

Die *Vertragsarbeiter/innen* der DDR kamen zunächst aus Ungarn, später auch aus Polen, Vietnam, Algerien, Kuba und Mosambik (Weiß und Dennis 2005). Integrationsbestrebungen der deutschen Regierung gab es nicht. Wohnplätze erhielten die Vertragsarbeiter/innen meist in eigens dafür vorgesehenen Heimen, die den Unterkünften der Gastarbeiter/innen in Westdeutschland recht ähnlich waren. Familienzusammenführungen fanden in dieser Zeit nicht statt und Familiengründungen gab es kaum. Aus diesem Grund wurde die gesellschaftliche Integration von Kindern auch erst nach 1989 ein Thema, als die wenigen Vertragsarbeiter/innen, die nicht von der Möglichkeit der bezahlten Rückkehr Gebrauch machten, sich zum Bleiben und zur Familiengründung entschlossen.

Die sogenannten *Gastarbeiter* in der damaligen BRD kamen als Arbeitsmigrant/innen und wurden ab 1955 aus den sogenannten Anwerbeländern nach Westdeutschland geholt. Die vorrangigen Herkunftsländer waren Spanien, Griechenland, die Türkei, Portugal, Tunesien, Marokko und Jugoslawien (vgl. Mecheril 2004, S. 32 f.). Die Arbeitskräfte hatten, wie der Begriff „Gastarbeiter" schon andeutet, zunächst keinen dauerhaften Aufenthaltsstatus. Vielmehr galt für sie ein Rotationsprinzip, nach dem sie nach ein bis zwei Jahren (und dem Erreichen ihres Sparziels) durch neue Arbeitskräfte abgelöst werden sollten (ebd., S. 34). 1971 erfolgte die Aufhebung des Rotationsprinzips, 1973 das Ende der Anwerbung. Jedoch gab es weiterhin Familiennachzug der migrierten Arbeitnehmer/innen (Treibel 1999). Eine Folge davon war die Bewegung aus den Gemeinschaftsunterkünften heraus und die Bildung von Stadtvierteln, die von einer multiethnischen Zusammensetzung geprägt waren.

Als die Mauer fiel, war der Anteil von Migrant/innen an der Bevölkerung in Ost- und Westdeutschland sehr unterschiedlich: In Westdeutschland betrug der Anteil nicht-deutscher Personen 1989 etwa 8 %, in Ostdeutschland ca. 1 % (Bade und Oltmer 2004). Noch heute ist der Anteil an Personen, die nicht den „Einheimischen" zugerechnet werden, in Westdeutschland mit 23,9 % Bevölkerungsanteil deutlich höher als in Ostdeutschland, wo er 5,3 % beträgt (Scherr 2016). Dabei gibt es selbstverständlich ein Stadt-Land-Gefälle, ebenso wie in manchen Regionen mehr Migrant/innen leben als in anderen.

Zur Bezeichnung von Menschen, die vor Vertreibung, Krieg, Hunger, Folter und Armut – um nur wenige Ursachen zu nennen – geflohen sind, kursieren unterschiedliche Begriffe. Unter anderem aufgrund politischer Initiativen wie der von Pro Asyl ist der Begriff Asylant inzwischen aus dem offiziellen Sprachgebrauch fast verschwunden. Grund ist die mittlerweile negative Konnotation dieses Begriffs im öffentlichen Diskurs. An seine Stelle sind die Begriffe *Flüchtlinge, Refugees, Geflüchtete* getreten. Für und gegen sie sprechen unterschiedliche Argumente. Der Begriff Flüchtling gilt als rechtlicher Begriff für geflohene Menschen und wurde zum Beispiel auch für Menschen angewandt, die in der Zeit des Nationalsozialismus aus Deutschland geflohen sind (z. B. die Übersetzung von Hannah Arendts „We Refugees" mit „Wir Flüchtlinge" aus dem Jahr 1943). Ebenso galten jene Menschen als Flüchtlinge, die zum Beispiel in der Folge der Balkankriege in den 1990er Jahren nach Deutschland geflohen sind. Im Zuge der stark angestiegenen Zahl an geflüchteten Menschen in Deutschland in der Zeit von 2015/2016 wurde der Begriff Flüchtling zunehmend kritisiert, da Endungen mit -ling zumeist negativ konnotiert sind (Fremdling, Kümmerling, Primitivling usw.) und Wörter, die mit -ling enden, zugleich Bezeichnungen sind, die Abhängigkeiten, Unterordnungen und/oder Passivität anzeigen (wie Säugling,

Findling, Liebling) (Stefanowitsch 2012). Alternativ werden „Refugee" und „Geflüchtete/r" vorgeschlagen. Der Begriff Refugee wird allerdings auch kritisiert, weil er ein Anglizismus ist, obwohl wertgeschätzt wird, dass er gerade die Suche nach dem sicheren Ort und nicht die Tätigkeit der Flucht selbst (wie auch bei dem Begriff Geflüchtete/r) in den Vordergrund stellt (ebd.).

Während des Kalten Krieges fand eine weitere Kategorie Eingang in den Sprachgebrauch: die der *Übersiedler/innen*. Damit wurden Personen bezeichnet, die aus der damaligen DDR nach Deutschland geflohen sind. Als Deutsche hatten sie gegenüber Geflüchteten aus anderen Regionen der Welt einen besonderen Status – ebenso die *Aussiedler/innen,* die aus der ehemaligen Sowjetunion kamen und deutsche Vorfahren haben. Damit haben sie auch die deutsche Staatsbürgerschaft inne.

Zunächst in dem wissenschaftlichen Versuch, wertende Begriffe zu vermeiden, kam schließlich ab 2005 der Begriff *„Migrationshintergrund"* auf. Erstmals wurde er zu diesem Zeitpunkt in der jährlichen Haushaltszählung (dem Mikrozensus) genutzt. Ziel war es auch, die bevölkerungspolitischen Folgen von Migration besser erfassen zu können, denn das Vorgängerkonstrukt der „nicht-deutschen Staatsangehörigkeit" zeigte an, dass 8,9 % der Bevölkerung zugewandert seien, ohne diejenigen einzubeziehen, die inzwischen die deutsche Staatsbürgerschaft erworben hatten. Die Erhebung des Mikrozensus bezog nun Ausländer mit und ohne Migrationsgeschichte, Eingebürgerte, (Spät-)Aussiedler und „mit deutscher Staatsangehörigkeit geborene Nachkommen der drei zuvor genannten Gruppen" ein und maß, dass der Bevölkerungsanteil an Personen „mit Migrationshintergrund" doppelt so hoch war wie der von Personen mit nicht-deutscher Staatsbürgerschaft, nämlich 18,9 % (vgl. Hummrich und Krüger-Potratz 2020).

Dass die Definitionen des Begriffs nicht einheitlich sind, zeigt zum Beispiel die Definition der Kultusministerkonferenz (KMK), wonach ein „Migrationshintergrund" dann gegeben ist, wenn eines von drei Merkmalen erfüllt ist: „nicht-deutsche Staatsangehörigkeit" *oder* „nicht-deutsches Geburtsland" *oder* „nicht-deutsche Verkehrssprache in der Familie (…) (auch wenn der Schüler/die Schülerin die deutsche Sprache beherrscht)" (KMK 2014, S. 30). Hieran zeigen sich unterschiedliche Schwierigkeiten des Begriffs: Erstens ist Migrationshintergrund eine Kategorie, die von außen zugeschrieben und mit der die Differenz zwischen „Einheimischen" und „Fremden" über Generationen hinweg festgeschrieben wird (Hamburger und Stauf 2009); zweitens gibt es keine statistisch gesicherten Erkenntnisse darüber, wie viele Kinder/Jugendliche zur Kategorie „mit Migrationshintergrund" gehören, da in den Bundesländern zum Teil abweichende Definitionen gelten (Hummrich und Krüger-Potratz 2020); drittens wird deutlich, dass „Migrationshintergrund" nicht nur eine Differenzkategorie ist, die zwischen „Einheimischen" und „Fremden" unterscheidet, sondern eine „*Kontingenz*formel" (Stošić 2017), da der Begriff nicht einheitlich differenzierend verwendet wird, sondern „Migrationshintergrund" bezeichnend für alle Wahrnehmungen der Fremdheit von Personen ist, die irgendwie mit Migration assoziiert werden. Folglich erfüllt der Begriff „mit Migrationshintergrund" nicht die Intention, eine analytische Kategorie zu finden, die rein beschreibend ist (Hamburger und Stauf 2009).

▶ In den unterschiedlichen rechtlichen, medialen und politischen Bezeichnungen für Migrant/innen, die zum Teil Eingang in die Alltagssprache gefunden haben, liegt nicht nur ein unterschiedlicher Rechtsstatus vor, sondern mit ihnen sind auch unterschiedliche Bedeutungszuschreibungen über Migration verbunden. Personen, die nach Deutschland kommen und kamen, aber zuvor eine andere Staatsbürgerschaft besaßen oder diese beibehalten, sind denen, die die deutsche Staatsbürgerschaft qua Geburt erhalten haben, rechtlich nicht gleichgestellt. Auch die alltagssprachliche Verwendung von Begriffen wie Migrationshintergrund suggeriert eine Nicht-Zugehörigkeit zur Mehrheitsgesellschaft. Zwar kann man als Argument anführen, dass Migrations*gründe* sehr unterschiedlich sein können und damit auch die Gruppe der Migrant/innen in sich heterogen ist. In jedem Fall jedoch lassen die hier exemplarisch aufgeführten Bezeichnungen erkennen, dass diese Heterogenität nicht aus den Selbstbezeichnungen der als Migrant/innen Positionierten herrührt. Es handelt sich vielmehr um von außen herangetragene Perspektiven, die bestimmte Funktionen einnehmen, indem sie Zugehörigkeitsgrenzen ziehen. Aus wissenschaftlicher Perspektive ist es daher vor allem wichtig, die sich ständig wandelnden Begriffe auf ihre jeweilige Funktion hin zu betrachten und zu hinterfragen, wer mit welcher Bezeichnung in welchem Zusammenhang als zugehörig gelten kann. Zuletzt zeigt sich, dass die Normalitätsannahme in einer homogenen Gesellschaft besteht, die mit Vielfalt durch Einwanderung konfrontiert wird (Radtke 2004).

Die breite Diskussion um Migration, die vielfältigen Migrationsreporte und Studien, die Migration einbeziehen, verweisen auch darauf, dass Migration konstitutiv für die deutsche Gesellschaft ist. Deutschland ist seit Jahrzehnten eine Migrationsgesellschaft, in der Migrant/innen ihren Alltag aktiv ausgestalten (vgl. Hummrich und Kramer 2017). Unter anderem belegen auch die SINUS-Milieustudien

(SINUS 2016), dass man bei „den" Migrant/innen nicht von einer Gruppe sprechen kann, sondern von vielfältigen Lebensstilen sprechen muss. Migration ist, wie wir gesehen haben, keineswegs nur Armutswanderung, sondern hat vielfältige Ursachen, wie berufliche Chancenverbesserung, Familienzusammenführung usw. Dieser Vielfalt versucht der Begriff der Transmigration (Pries 2002) gerecht zu werden, der hier zwar nicht vertieft werden kann, aber als Anlass zu weitergehender Recherche zumindest benannt werden soll. Die Verschiedenheit von Personen, die als „Migrant/innen" bezeichnet und wahrgenommen werden, artikuliert sich auch darin, dass für unterschiedliche Migrant/innengruppen in der Migrationsgesellschaft unterschiedliche Teilhaberechte gelten. Dies kann im Folgenden am Beispiel der schulischen Beteiligung gezeigt werden.

1.3 Zwischen Schulpflicht und „Othering" – Perspektiven auf Bildungsbe(nach)teiligungen von Migrant/innen

Es wurde deutlich, dass Migration gesamtgesellschaftliche Strukturen verändert, verschiebt oder auch verfestigt. Darum sind nicht nur pädagogische Konzepte wichtig, die das Handeln einzelner Personen in den Blick nehmen, sondern Migration muss auch gesellschaftlich-systemisch betrachtet werden. In erziehungswissenschaftlicher Hinsicht ist in diesem Zusammenhang die Frage der schulischen Integration besonders interessant. Hier ist zunächst festzustellen, dass die Idee der Schule mit der des Nationalstaats, wie er sich im 18. und 19. Jahrhundert herausgebildet hat, eng verkoppelt ist (Radtke 2004). Unter funktionalen Gesichtspunkten ging es bei der Entwicklung einer Schule für alle Kinder und der Etablierung der Schulpflicht um die Heranbildung von Kindern zu Staatsbürgern durch ein vergemeinschaftendes Bildungssystem. Die Bildung der Schule ist damit weniger Selbstzweck für die Kinder oder ein humanitärer Akt als vielmehr ein im Dienst des Nationalstaates stehender Vorgang, der die Erziehung nationalstaatlich identifizierter und für die Staatsgewalt verfügbar gemachten Personals sichern soll. In den machtanalytischen Ausführungen Foucaults (1977, S. 167 ff.) wird zum Beispiel thematisiert, dass die Schule mit ihrem verpflichtenden Charakter Subjekte zu nützlichen Mitgliedern der Gesellschaft erzieht. Vor diesem Hintergrund war bei der Herausbildung des Nationalstaates und der allgemeinen Schulpflicht die Beteiligung von zugewanderten Kindern und Jugendlichen an Schule zunächst nicht selbstverständlich, da keine Gewissheit darüber herrschte, ob die politische Nützlichkeitslogik auch Kinder nicht-deutscher Herkunft betraf. Die Beteiligung an öffentlicher Erziehung drehte sich daher zunächst nur um „gemeindeeigene" oder „Landeskinder" (Krüger-Potratz 2016, S. 20); im Kaiserreich galt Schulpflicht für reichsinländische Kinder, um das „Eigene" vor dem „Fremden" zu schützen (ebd., S. 21). Allerdings gab es bilaterale Verträge zwischen Staaten, die es ausländischen Kindern auch ermöglichten, etwa in Preußen, in die Schule zu gehen. Die Schulen hatten die Möglichkeit, darüber zu entscheiden, wen sie aufnehmen wollten. Gleichzeitig gab es keinerlei Eingliederungshilfen.

Eine Änderung zeichnete sich ab, als nach dem Zweiten Weltkrieg die Migration nach Deutschland im Zuge der Gastarbeiter/innenwanderung deutlich anstieg. In den 1950er und 60er Jahren wurde Schulpflicht für Kinder und Jugendliche „mit gewöhnlichem Aufenthalt" in der Bundesrepublik nach und nach genehmigt (die zeitliche Spanne ist dadurch begründet, dass die Schulpflicht in den einzelnen Bundesländern zu unterschiedlichen Zeitpunkten umgesetzt wurde). Das bedeutete allerdings auch, dass Kinder mit unsicherem Aufenthaltsstatus oder solche, die aufenthaltsrechtlich nur über eine Duldung verfügten, zunächst vom Schulbesuch ausgeschlossen waren – ebenso Statuslose (Kinder und Jugendliche ohne Aufenthaltserlaubnis und Duldung). Seit 2011 sind Schulen nicht mehr verpflichtet, die Aufnahme von Kindern von der aufenthaltsrechtlichen Meldepflicht abhängig zu machen. Geduldete Kinder und Jugendliche und sogenannte unbegleitete minderjährige Flüchtlinge sind seitdem ebenfalls berechtigt, in die Schule zu gehen (ebd.).

> In der deutschen Schule des ausgehenden 19. und beginnenden 20. Jahrhunderts spiegelt sich die nationalstaatliche Unterscheidung zwischen „einheimisch" und „fremd" in unvergleichlicher Art und Weise wider, denn zugangsberechtigt waren zunächst nur die Kinder deutscher Staatsbürger/innen und die Idee der Schule war es, Kinder zu solchen Staatsbürger/innen zu erziehen. Diese Differenzkriterien (Staatsbürger/in; Ausländer/in; einheimisch/fremd) wurden aufgeweicht, aber nicht vollständig aufgehoben, indem Schulpflicht und das Recht auf schulische Bildung in den 1960er Jahren auch für Kinder mit gewöhnlichem Aufenthaltsstatus gewährt wurde. Erst innerhalb der letzten 10 Jahre werden auch Kinder, die nicht über diesen Aufenthaltsstatus verfügen (z. B. weil sie als Flüchtlinge im Asylverfahren eingestuft werden), in die reguläre Schulpflicht einbezogen.

Die Zugangsberechtigungen zu Schule zeigen schließlich auch, wie die Zuweisung von Positionen als Ausländer/in, Gastarbeiter/in, Migrant/in und Flüchtling (vgl. 1.2) mit der Frage der (schulischen) Beteiligung zusammenhängt

1.3 Zwischen Schulpflicht und „Othering" – Perspektiven ...

und wie hieran auch der Aspekt gesellschaftlicher Rechte und Pflichten geknüpft wird. Teilhabe wird über schulische Zugänge reguliert. Keineswegs ist also im modernen Nationalstaat die Verankerung von Bildung als Menschenrecht selbstverständlich. Vielmehr entscheidet die Gewährung oder Abwehr des Zugangs zu schulischer Bildung auch über Zugehörigkeits- und Teilhabemöglichkeiten an der Gesellschaft. Die Bewegung „Education for All" (EFA), die u. a. von der UNESCO angestoßen wurde, zeigt, dass erst in der jüngsten Zeit (seit 2015) die enge Kopplung von schulischer Bildung und nationalstaatlicher Inpflichtnahme gelockert wird.

Dass diese Bindung an nationalstaatliche Prinzipien nachhaltig wirkt, offenbart sich zum Beispiel in der Frage nach der staatlichen Anerkennung von außerhalb Deutschlands erbrachten Qualifizierungen. Wer keinen in Deutschland staatlich anerkannten schulischen Abschluss nachweist oder wessen Abschluss nicht als einem deutschen Abschluss gleichwertig eingestuft wird, hat keine Möglichkeit, an weiterführenden Bildungsgängen teilzuhaben. Dies ist auch für Kinder und Jugendliche problematisch, die bereits Abschlüsse in ihrem Herkunftsland erworben haben. Bürokratisch wird dann über die Wertigkeit von Abschlüssen entschieden. Dies galt lange Zeit auch für EU-Staaten. So wurde bis zum Jahr 2000 zum Beispiel das griechische Äquivalent zum deutschen Abitur nicht als Hochschulzugangsberechtigung in Deutschland anerkannt. Das bedeutet, dass eine erbrachte Leistung, nämlich die Zulassung zum Studium in Griechenland, in Deutschland nicht die gleichen Teilhaberechte wie in Griechenland birgt. Damit entstanden Hierarchien innerhalb der Abschlüsse: Ein deutsches Abitur zählte in Deutschland mehr als ein griechisches. Heute reguliert die KMK, für welche Abschlüsse Anerkennungen beantragt und inwiefern Qualifikationen nachgeholt werden müssen.

Über die rechtliche Zuweisung der Position zum Beispiel als „Ausländer" werden folglich Teilhaberechte gewährt oder verwehrt. Dies betrifft, wie wir bereits festgestellt haben, auch die Mehrsprachigkeit. Die Idee des nationalstaatlich vergemeinschafteten Volkes fußt auf der Annahme, alle sprächen die gleiche Sprache. Die Existenz von Minderheitensprachen (etwa der dänischen Minderheit in Schleswig-Holstein oder der Sorben in der Niederlausitz) werden dabei ausgeblendet. Radtke (2004) bezeichnet die Sprachpolitik der Schule als „ideologisch dicht vermintes Terrain, auf dem bis heute symbolische Auseinandersetzungen um Dominanz und ethnische Anerkennung geführt werden" (ebd., S. 632). Wie umkämpft die Frage der Teilhabeberechtigung ist und wie sehr sie über Sprache ausgetragen wird, äußert sich unter anderem darin, dass die zahlreichen (zum Teil sehr erfolgreichen) Modellversuche sprachlicher Integration von jeweils nur begrenzter Dauer gefördert wurden

(Hummrich und Krüger-Potratz 2020). Als Beispiel sei hier das FörMig-Programm angeführt, in dessen Zentrum durchgängige Sprachbildung in allen Fächern entlang der gesamten Bildungsbiografie von Kindern und Jugendlichen stand (Gogolin und Duarte 2018). Der Unterschied zu anderen Programmen war, dass Sprachförderung nicht allein auf den Deutschunterricht begrenzt war und Mehrsprachigkeit als Teil der Normalbiografie anerkannt wurde. Hierin liegt die Vorstellung der strukturellen Etablierung einer migrationsgesellschaftlichen Idee von Schule. Dies ist keineswegs selbstverständlich, wenn man betrachtet, dass die Sprachkompetenzen, die Kinder und Jugendliche aus bisherigen Bildungsbiografie mit in die Schule bringen, ansonsten eher problematisiert wurden und werden. Das Auslaufen der Förderung des genannten Programms im Jahr 2013 wurde zwar durch andere Projekte aufgefangen, aber eine kontinuierliche Weiterentwicklung gab es nicht.

> Die mit der Frage des Teilhaberechts (als Recht der Partizipation an schulischer Bildung) und der (Deutsch-)Sprachkompetenz einhergehende Problemperspektive zeigt, dass Schule nach wie vor deutlich am Ideal von Monokulturalität und Monolingualität (also *einer* „Kultur" und *einer* Sprache) festhält. Indem herkunftsbedingte Disparitäten als Problem von Migrant/innen markiert werden, findet auch eine Zuweisung ihrer Position als Fremde, Nicht-Zugehörige statt. Konsequenz dieser Positionierung der Anderen ist unter anderen die Delegitimation ihrer Perspektiven, Lebensentwürfe und Fähigkeiten (zum Beispiel von Mehrsprachigkeit). Das Eigene (z. B. der eigenen Begrenztheit der Perspektive, des eigenen Privilegs, der eigenen Monolingualität usw.) bleibt in diesem Zusammenhang oft nicht nur implizit, sondern unberührt und setzt auf die Anpassung derer, die als anders markiert werden.

Indem gefragt wird, welche Teilhaberechte und -restriktionen Migrant/innen erhalten sollen, wird überhaupt erst deutlich gemacht, dass unterschiedliche Teilhaberechte ein Thema sind. Teilhabe ist damit nicht selbstverständlich, sondern fortwährender Gegenstand machtvoller gesellschaftlicher Diskurse. Offensichtlich wird dies, wenn man bedenkt, dass die Teilhaberechte von Personen *ohne* „Migrationshintergrund" gerade nicht verhandelt werden. Auf diese Weise werden „die" Migrant/innen als „Andere" sichtbar gemacht. Dies dient der Selbstvergewisserung von Mehrheitsangehörigen und sichert ihnen gleichzeitig Privilegien

1.3 Zwischen Schulpflicht und „Othering" – Perspektiven ...

(Rommelspacher 1995; Hamburger et al. 2005). Die Anderen (zum Beispiel mit Migrationshintergrund) gibt es nicht einfach, sondern sie werden systematisch zu Anderen gemacht. Diese gesellschaftliche Wissensproduktion über „die Anderen" wird auch als *Othering* bezeichnet. Das Konzept des *Othering* ist vor allem im Rahmen postkolonialer Theoriebildung prominent geworden. Der Begriff „Othering" wird häufig auf Edward Said (Said 2003) zurückgeführt. Obwohl Said den Begriff des *Othering* selbst nicht verwendet hat (vgl. Mecheril/van der Haagen Wulff 2020), war seine Kritik an kolonial geprägten Bildern von „Orient" und „Okzident" wegweisend für die Theoriebildungen zum Konzept des *Othering* (vgl. auch: Castro Varela 2015).

▶ Solche Konstruktionen über die „Anderen" entstehen beispielsweise über ethnisierende Zuschreibungen, die sprachliche und kulturelle Unzulänglichkeiten unterstellen. *Othering* meint in diesem Zusammenhang, dass in (postkolonialer) Wissensproduktion Bilder von Menschen entstehen, die Menschen als Andere festschreiben und Andersheit insofern als unüberwindbar konstruieren. Der Begriff spielt darauf an, dass „Anderssein" keine natürliche Kategorie ist, sondern machtvoll ist und sozial hergestellt wird. Othering vollzieht sich zum Beispiel in Interaktionen, ist zugleich aber auch Ausdruck einer sozialen Ordnung. Dies wird zum Beispiel dann ersichtlich, wenn – etwa in Institutionen wie der Schule – die Zugehörigkeit der „Anderen" („mit Migrationshintergrund" usw.) zu „uns" infrage gestellt wird, während die Zugehörigkeit von „uns" selbstverständlich gegeben scheint.

Das heißt: Selbst wenn über die Hälfte der Personen „mit Migrationshintergrund" (11 % von insgesamt 18,9 %) formaljuristisch deutsche Staatsbürger/innen sind und folglich einen deutschen Pass besitzen, werden sie im öffentlichen Diskurs nicht im gleichen Maße als Deutsche anerkannt, wie jene, denen *kein* Migrationshintergrund attestiert wird. Diese Logik zieht sich durch alle gesellschaftlichen Bereiche. Insbesondere mit Blick auf die Schule und dortige Differenzierungen lässt sich zeigen, dass Migration mit stereotypen Zuschreibungen verbunden ist, die den Teilhabewillen der als Migrant/innen positionierten Schüler/innen infrage stellen. Häufig werden beispielsweise mangelnde Deutschkenntnisse bei Schuleintritt thematisiert oder den Kindern und ihren Familien ein Modernitätsrückstand unterstellt. Dies gilt allerdings viel weniger für die internationale Bildungselite (die auch über nationale Grenzen hinweg „wandert", z. B. Kinder von Angestellten internationaler Konzerne in städtischen Metropolen) als vor allem für Migrant/innen aus dem Arbeitermilieu und ihre Familien.

1.4 Ansätze pädagogischen Handelns in der Migrationsgesellschaft seit 1955

Pädagogische Auseinandersetzungen mit Migration sind in der Zeit seit 1955 sehr unterschiedlich auf Migration und den Wandel Deutschlands zur Migrationsgesellschaft eingegangen. Schlaglichtartig benennen wir nun einige dieser pädagogischen Auseinandersetzungen, die sich im Laufe der Zeit herausgebildet haben. Migration wird hier jeweils auf unterschiedliche Weise problematisiert. Diesen Problematisierungen soll im Folgenden nachgegangen werden. Es geht dabei weniger darum, bestimmte Perspektiven und ihre pädagogischen Intentionen besonderer Förderung und Unterstützung als gut oder schlecht zu bewerten, als vielmehr darum, aufzuzeigen, welche Bedingungen – im Sinne von Zugehörigkeitskonstruktionen – mit diesen Perspektiven verknüpft sind. Es handelt sich also insgesamt um eine Sammlung unterschiedlicher pädagogischer Perspektiven auf Migration.

Um diese nachvollziehbar zu machen, illustrieren wir die Ansätze zum Teil anhand von Fallbeispielen. Wir beginnen mit den historischen Anfängen der Auseinandersetzung mit Migration in einem ersten Teilkapitel. Hierbei wird auf die sogenannte „Ausländerpädagogik" und die „Interkulturelle Pädagogik" eingegangen (1.4.1), die als Anfang der pädagogischen Versuche gesehen werden können, sich mit der notwendigen Integration der Kinder der Migrant/innen auseinanderzusetzen; „Interkulturelle Pädagogik" gilt in diesem Zusammenhang als Ansatz, der sich von den problematisierenden Perspektivnahmen der „Ausländerpädagogik" abgrenzt, aber dennoch bei der Unterscheidung zwischen Eigenem und Fremdem bleibt. Die beiden im folgenden Abschn. 1.4.2) vorgestellten Ansätze – „Erziehung als Einwanderungshilfe" und „Migrationspädagogik" – diskutieren die beiden zuvor benannten Ansätze und versuchen den vielfältigen Anforderungen der Migrationsgesellschaft Rechnung zu tragen. Abschließend wird versucht, die Ansätze insgesamt zu relationieren und damit eine Perspektive „Reflexiver Interkulturalität" eingenommen (1.4.3).

1.4.1 Ausländerpädagogik und Interkulturelle Pädagogik

Ausländerpädagogik
Vorrangig war in der anfänglichen pädagogischen Auseinandersetzung mit Migration die Bearbeitung der Folgen der Arbeitsmigration. Im Zeichen des Familiennachzugs und der Schulpflicht von zu diesem Zeitpunkt kürzlich nach Deutschland migrierten „Gastarbeiterkindern" (ab 1964) fanden erste Auseinandersetzungen

1.4 Ansätze pädagogischen Handelns in der Migrationsgesellschaft ...

mit den dadurch entstehenden pädagogischen Anforderungen statt. Im Vordergrund standen hier Defizitdiagnosen der Kinder von Gastarbeiter/innen wie mangelndes Sprachvermögen und der damit einhergehenden Unterstellung fehlender Integrationsfähigkeit. Neben der Annahme sprachlicher Defizite wurde somit auch davon ausgegangen, die Kinder seien ‚kulturell defizitär'. Man nahm an, dass sie nicht über das notwendige kulturelle Wissen verfügten, um beschult werden zu können, weil sie aus „vormodernen" Gesellschaften kämen. Diese sogenannte Defizit- und Problemperspektive auf Migrant/innen und ihre Kinder lässt sich mit Hamburger (2009) zugespitzt auch als „Elendsdiskurs" bezeichnen. Er fokussierte sich sowohl auf Sprachen als auch auf Kulturen der Herkunftsländer, traf eindeutige Annahmen über sie und konstruierte Migrant/innen und ihre Kinder als Träger/innen dieser Defizitkonstruktionen. Mecheril (2004) führt hierzu aus, dass diese Defizit- und Problemperspektive durch überforderte Lehrer/innen und nicht-migrantische Eltern, die um den Schulerfolg ihrer Kinder fürchteten, verstärkt wurden. Die Kultusministerkonferenz gab 1964 dann auch die Empfehlung, spezielle Förderprogramme für sogenannte Ausländerkinder einzurichten, die durch sogenannten muttersprachlichen Unterricht ergänzt werden. Der muttersprachliche Unterricht war zu dieser Zeit mit dem Ziel verbunden, die Rückkehrfähigkeit in die Herkunftsländer sicherzustellen.

Beispiel

Der Kabarettist Serdar Somuncu, Sohn türkischer Eltern, wurde Anfang der 1970er Jahre eingeschult und liefert in einer Erzählung über diese Einschulung ein plastisches Beispiel für den pädagogischen Umgang mit sogenannten Gastarbeiterkindern. Als Ich-Erzähler beginnt Somuncu (2004) damit, dass er sich auf diesen Tag besonders gefreut hat. Während er mit seinen Eltern in der Turnhalle sitzt, wo die Einschulungsfeier stattfindet, kommt es zu folgendem Ereignis:

„Schließlich kommt es zur Einteilung der Klassen. Aus den etwa hundert Kindern werden vier Gruppen mit jeweils etwa 25 Schülern gebildet. Die Klassen heißen 1a, 1b, 1c, 1d. Eine ältere Frau tritt nun vor und verliest die Namen der Kinder in alphabetischer Reihenfolge und fügt hinzu, welcher der neuen Klassen der jeweils Aufgerufene angehören wird. Minutenlang. Name für Name. Schmidt. Schmitz. Schmöhling. Nicht mehr lange, dann ist es so weit. Aber mein Name ist bis zum Schluss nicht mit dabei. Nachdem bekannt ist, wer in welche Klasse gehört, verlassen die vier Gruppen mit ihren Klassenlehrern den Raum. Ich bleibe zurück mit drei anderen Schülern. ‚Tja', sagt nun die Glatze [i.e. der Schulrektor, die Verf.] und schaut dabei betreten zu Boden, ‚wir haben uns gedacht, dass wir Ihnen eine eigene kleine Gruppe geben, ohne den Leistungsdruck' – er spricht bedächtig und vorsichtig, als müsste er uns schonend erklären, was er meint, aber so sehr er sich bemüht, alles, was er sagt, klingt wie eine Entschuldigung. Als er zu Ende gesprochen hat, ist es einen Augenblick lang ruhig, dann springt mein Vater auf" (Somuncu 2004, S. 20 ff.).

Diese Szene kann als ein Beispiel für den pädagogischen Umgang mit Migrant/innen und als Migrant/innen Positionierten in den 1970er Jahren gedeutet werden. Sie zeigt auch, dass Ausländerpädagogik, wie Diehm und Radtke (1999, S. 133) formulieren, *„als pragmatische Anpassung der Organisation Schule an die unklaren Rahmenbedingungen"* und *„muddling through/Durchwursteln"* verstanden werden muss. Dabei gab es keine organisatorische Unterstützung, sondern lediglich die Ratifizierung der KMK-Empfehlungen, die Schulpflicht für alle Kinder und Jugendlichen umzusetzen. Der hier geschilderte Fall versteht sich als zugespitzte Schilderung eines damals üblichen Umgangs mit Kindern von Migrant/innen. Mit Blick auf die pädagogische Organisation lässt sich formulieren, dass die Kinder gemäß einer Ad-hoc-Strategie separiert werden. Die vermeintlich positive Lesart hierzu wäre, dass ein pädagogischer „Schonraum" geschaffen wird. Jedoch ist in diesem Beispiel unverkennbar, dass die Separation, die mit dem Versprechen einhergeht, „keinen Leistungsdruck" ausüben zu wollen, auch bedeutet, dass den Kindern von Migrant/innen nicht die gleichen leistungsbezogenen Zugänge zur Schule gewährt werden wie Mehrheitsangehörigen. Auch hier ist also eine Defizitdiagnose geringerer Leistungsfähigkeit implizit erkennbar. Wenn wir dabei zugrunde legen, dass Schule als moderne Institution vorrangig die Vermittlung von Wissen und Bewertung nach Leistung zum Ziel hat (also der Idee nach gerade unabhängig von der Herkunft sein soll), dann ließe sich dies auf die Formel bringen: „Wer gut ist, kommt weiter".

Wir wissen heute, dass diese meritokratische Formel vor dem Hintergrund der Diskussionen um soziale Ungleichheit im Bildungssystem vor allem eine Idee ist. So kommen Kinder aus wohlhabenden Familien besser „weiter" als jene aus Familien mit geringen finanziellen Möglichkeiten. Zugleich trotzen zahlreiche Bildungsaufsteiger/innen diesem System und sind schulisch erfolgreich. Eine solche Chance auf Aufstieg setzt aber einen prinzipiellen Leistungsbezug in der Schule voraus. Dieser wird in der von Somuncu geschilderten Geschichte ausgesetzt, womit die Kinder der Migrant/innen nicht nur separiert, sondern auch aufgrund ihrer Herkunft – oder der ihrer Eltern – zumindest zunächst von der Leistungsbewertung ausgeschlossen werden. Die Schulpflicht wird hier zwar formal umgesetzt, aber das Versprechen einer am Leistungsprinzip orientierten Schule außer Kraft gesetzt.

1.4 Ansätze pädagogischen Handelns in der Migrationsgesellschaft ...

▶ Wenn wir hier von „Ausländerpädagogik" sprechen, ist in Rechnung zu stellen, dass dies weniger eine Selbstbezeichnung pädagogischer Orientierungen aus jener Zeit ist. Es handelt sich vielmehr um eine Abgrenzungsmetapher, die von Vertreter/innen der später entstandenen Idee „Interkultureller Pädagogik" entwickelt wurde. „Ausländerpädagogik" ist gekennzeichnet durch ein Bündel an Orientierungen, die sich in einer Problematisierungsperspektive mit Migration befassen. Diese Perspektive keimt im Diskurs um Integration in regelmäßigen Abständen immer wieder – auch heute noch – auf, insbesondere, wenn ungleiche Teilhabemöglichkeiten problematisiert werden. Bestimmte pädagogische Strömungen lassen sich in der Rückschau damit zwar als dominant für bestimmte zeitliche Phasen beschreiben, doch handelt es sich dabei nicht um eine lineare Entwicklung, in der eine Phase die nächste ablöst. Pädagogische Orientierungen entwickeln sich lokal auf unterschiedliche Weise, können überdauern, wiederkehren, sich überlagern oder auch gänzlich verschwinden. Orientierungen wie die „Ausländerpädagogik" sind mit dem Entstehen anderer Pädagogiken daher nicht hinfällig, sondern können sich nach wie vor in pädagogische Handlungsorientierungen einschreiben.

Interkulturelle Pädagogik
Mit der Tatsache, dass Migration mehr und mehr Eingang in das gesellschaftliche und politische Selbstverständnis Deutschlands fand, wurde das unsystematische Vorgehen und Festhalten an den alten Routinen kritisiert. An die Stelle der Defizitorientierung sollte der Blick auf die Ressourcen gerichtet werden, die Migrant/innen „mitbrächten". Hier knüpft *Interkulturelle Pädagogik* an. Indem sie sich vor dem Hintergrund der Negativfolie der Ausländerpädagogik entfaltet, entdeckt sie die ‚Kulturen der Migrantinnen und Migranten' (Mecheril 2004, S. 86; Diehm und Radtke 1999). 1996 fasst die Kultusministerkonferenz den Beschluss zu „Interkultureller Bildung und Erziehung" als Querschnittaufgabe aller Bildungseinrichtungen. Der Umgang mit Differenz und Fremdheit soll durch die Erweiterung professioneller Fähigkeiten geschult werden: Interkulturelle Kompetenz setzt sich als Schlagwort für den pädagogischen Umgang mit Migrant/innen durch. Auf dieser Basis etabliert sich die Interkulturelle Pädagogik, die Differenzen bewusst wahrnimmt und Schüler/innen in ihren verschiedenen kulturellen Identitätsentwürfen anerkennt (Auernheimer 1999, S. 178).

Trotz der Verankerung von „Interkultureller Bildung" in den KMK-Richtlinien sind bis heute viele der dort formulierten Forderungen nicht systematisch eingelöst. Im Gegenteil: Betrachten wir die Beschulungsmaßnahmen im sogenannten DaZ-Bereich (Deutsch als Zweitsprache), finden wir überwiegend Differenzierungsstrategien, die zunächst auf Separation setzen: Sogenannte Quereinsteiger/innen, also kürzlich migrierte Kinder und Jugendliche, kommen in DaZ-Klassen, Vorbereitungs- oder Willkommensklassen, werden also von den Kindern, denen unterstellt wird, in der Bildungssprache ‚heimisch' zu sein, getrennt. In solchen pädagogischen Vermittlungsversuchen schreibt sich Differenzierung zwischen Migrant/innen und ‚Einheimischen', die der Mehrheitsgesellschaft zugerechnet werden, ebenfalls systematisch in pädagogische Programmatiken ein. Dies zeigen Höhne, Kunz und Radtke (Höhne et al. 2005) etwa in einer Analyse von Unterrichtsmaterialien, wie sie im Nachgang der KMK-Beschlüsse 1996 und 2013 für die Vermittlung interkultureller Kompetenzen entwickelt wurden. Im Vordergrund stehen die Konstruktion von Anderssein und das Verstehen der Anderen: kulturell, sprachlich und sozial wird die ‚andere' Herkunft und ‚unterschiedliche' Lebensweise der Migrant/innen zum Unterrichtsthema. ‚Interkulturelle Bildung' soll in diesem Zusammenhang mit einer Kompetenzentwicklung einhergehen, die auf einen adäquaten Umgang mit den Anderen vorbereitet. Dabei sollen zunächst die Unterschiede ‚gelernt' werden, um sie dann abzuwehren (ebd.).

Hierzu nehmen wir illustrativ auf ein aktuelleres Arbeitsblatt aus dem Unterstufenunterricht (Sekundarstufe I) Bezug und rekonstruieren einen Ausschnitt:

Beispiel

Das Arbeitsblatt „Alles ist neu: Geflüchtete Kinder in Deutschland" (Cornelsen 2018) steht für Lehrer/innen zum Download auf der Verlagshomepage bereit. Folgende Informationen kündigen den Inhalt des Blattes an:

„Warum schaut Rabih immer auf den Boden? Warum hat Samir Angst, mit dem Bus zur Schule zu fahren? Geflüchtete und einheimische Kinder erzählen von ihren Erfahrungen. In Rollenspielen erfahren sie, wie wichtig es ist, aufeinander zuzugehen.

In dieser Unterrichtseinheit beschäftigen sich die Kinder mit den Erfahrungen von geflüchteten Kindern in Deutschland. Sie erproben in nachgestellten Szenen, wie man miteinander umgeht, und beschreiben, wie sie selbst einmal Fremdsein erlebt haben."

1.4 Ansätze pädagogischen Handelns in der Migrationsgesellschaft ...

Betrachten wir zunächst die Überschrift: „Alles ist neu. Geflüchtete Kinder in Deutschland". Der erste Satz verweist auf ein Erleben, das mit dem vorherigen Leben nichts gemein hat. Was „alles" meint, konkretisiert sich im zweiten Teil der Überschrift: Mit „Geflüchtete Kinder in Deutschland" lässt sich der Satz nun verstehen als doppelte Verwendung des Neuen: Die geflüchteten Kinder werden als „die Neuen" konstruiert und erfahren selbst zugleich etwas Neues. Der Begriff „Alles" verweist in diesem Zusammenhang auf einen radikalen Wandel, also etwas sehr Umfassendes: Es gibt nichts Altes mehr, was unter Bedingungen von Flucht Bestand hat, keine Erfahrungen oder Inhalte mehr, an die angeknüpft werden könnte. Damit werden u. a. die bisherigen Bildungserfahrungen geflüchteter Kinder nivelliert. Ihr Erleben geschieht auf einer *tabula rasa* (i. e. eine leere Tafel i. S. v. einem unbeschriebenen Blatt), die es nicht möglich macht, Vergangenes produktiv in den neuen Zusammenhang zu integrieren. Was also einerseits als vermeintliche Empathie anmutet – der Nachvollzug des Erlebens geflüchteter Kinder, die mit vielen neuen Erfahrungen ‚konfrontiert' scheinen – birgt zugleich die Annahme, dass nicht auf Altes oder Bewährtes zurückgegriffen werden kann.

Der folgende Text verdeutlicht, dass geflüchtete Kinder zum Lerngegenstand für Mehrheitsangehörige werden. Nicht Flucht als gesellschaftlich-politisches Ereignis, sondern die dahinterstehenden Personen werden zum Objekt der Auseinandersetzung und Begegnung. Hierin liegt eine Ambivalenz: Einerseits können Fallgeschichten, wie die von Rabih und Samir – auch wenn man hier unterstellen muss, dass sie fiktiv sind – durch ihren Lebensweltbezug Verständnis für besondere Lebenslagen nahebringen; andererseits wird dadurch die Perspektive auf Kinder wie Rabih und Samir in einer bestimmten Weise objektiviert und verallgemeinert, sodass andere Erfahrungen und Perspektiven nicht mehr thematisiert werden. Damit werden Rabih und Samir zu „Anderen" gemacht (zum Begriff des Othering siehe Abschn. 1.3). Unterstellt wird dabei, dass die Erfahrungen von Rabih und Samir nachgestellt und in der Folge von denen verstanden werden, die keine Fluchterfahrungen gemacht haben. Damit wird die (biografische) Bedeutsamkeit der Fluchterfahrung ebenso verkannt wie die Erfahrungen von Kindern, die selbst nicht geflüchtet sind. Die entwickelten Fragen: warum „Rabih immer zu Boden blickt" und „Samir Angst hat, mit dem Bus zu fahren", verweisen schließlich auf die Herstellung eines Ursache-Wirkungs-Zusammenhangs, in dem das Verhalten als begründungspflichtig gekennzeichnet wird. Rabih und Samir werden damit zum objektivierten Lerngegenstand und ihr Verhalten zum Inhalt, der angeeignet und verstanden werden kann. Auf den Boden zu blicken wird hier nicht zum Beispiel als nachdenkliche, in sich gekehrte oder schüchterne Geste gedeutet, sondern auf die Unterstellung einer kulturellen Andersheit von Rabih enggeführt. Zu Boden zu blicken erscheint dabei als Verstoß gegen die Norm kommunikationsoffener Kinder, die nur höflich sind, wenn sie anderen in die Augen schauen. Die Angst, mit dem Bus zu fahren, deutet wiederum eine irrationale Haltung zur alltäglichen, harmlosen Praxis des Busfahrens an, die von den meisten Schulkindern routiniert begangen werden kann. Die fiktiven Kinder Rabih und Samir symbolisieren somit das Nicht-Beherrschen alltäglicher altersangemessener Kommunikationsregeln und stehen den Normalitätserwartungen entgegen.

Ein Einwand gegen diese Lesart könnte sein: Ist es nicht gut und wertvoll, dass über das Thema Flucht und die Erfahrungen, die sich für geflüchtete Kinder damit verbinden, im Unterricht gesprochen wird? Da Flucht und Migration zur Lebenswelt aller Kinder gehören (wenn auch mit zum Teil sehr unterschiedlichen biografischen Erfahrungen), wäre dies doch gerade die Anerkennung migrationsgesellschaftlicher Realität. Dass diese normative Orientierung für die Unterrichtsgestaltung produktiv genutzt werden kann, wird hier nicht in Abrede gestellt. Analytisch betrachtet birgt jedoch die Art, *wie* Flucht hier verhandelt und geflüchtete Kinder konstruiert werden, implizites Diskriminierungspotenzial, weil zu Boden blicken und Angst umgehend mit Erklärungen kultureller Eigenschaften belegt werden. Dass auch Kinder, die keine Fluchterfahrung gemacht haben, zu Boden blicken und Ängste haben, wird nicht verhandelt. Hier zeigt sich, dass die mögliche Intention, das Verständnis von Mehrheitsangehörigen zu wecken, Gefahr läuft, Stereotype zu reproduzieren, und die eigene Perspektive dabei unberührt lässt. Schulisch relevante Bezüge wie Sprachenvielfalt werden nicht zum Beispiel ressourcenorientiert behandelt, vielmehr wird eine kulturalisierende Vorstellung von typischem Verhalten kreiert. Das Arbeitsblatt ist aus der Perspektive von Mehrheitsangehörigen verfasst, die durch geflüchtete Kinder irritiert werden. Dethematisiert bleiben damit nicht nur die Perspektiven (und möglichen Irritationen) von Geflüchteten, sondern vor allem auch Gemeinsamkeiten in den biografischen Erfahrungen aller Kinder.

▶ Als Diskriminierung (diskriminare, lat. = unterscheiden) können Strukturen und Praxen verstanden werden, die nicht einfach nur Unterschiede feststellen, sondern zugleich eine Herabsetzung und Benachteiligung von Gruppen und/oder Individuen beinhalten (Hormel und Scherr 2010, S. 7). Diskriminierung ist nicht zwingend absichtsvoll und häufig auch Ausdrucksgestalt bestehender (institutionalisierter) Machtverhältnisse.

1.4 Ansätze pädagogischen Handelns in der Migrationsgesellschaft ...

Wenn wir mit Blick auf das Arbeitsmaterial also von Diskriminierungspotenzialen sprechen, dann unterstellen wir nicht, dass dem zwingend eine Absicht zugrunde liegt, sondern verweisen auf die strukturelle Bedeutsamkeit. Hier deutet sich zum Beispiel an, dass durch die Besonderung des Nichtwissens von Rabih und Samir – bzw. ihrer Unsicherheiten in alltäglichen Routinen wie Busfahren – latent Unzulänglichkeiten von als Migrant/innen positionierten Schüler/innen markiert werden. Zwar kommen hier Schüler/innen mit unterschiedlichen Erfahrungen jeweils zum Sprechen, aber es bleibt bei einer Gegenüberstellung zweier Gruppen. Dies entspricht dem in 1.3 dargestellten Phänomen des *Othering*. Andersheit wird zur Zuschreibung, die diese Kinder gegenüber Mehrheitsangehörigen als defizitär konstruiert. Dabei wird kein Wissen über Flucht vermittelt, sondern vielmehr ein Wissen über die Unzulänglichkeiten geflüchteter Kinder produziert.

Die fiktiven Namen Rabih und Samir sind schließlich auch Symbolisierungen, in die sich jene Perspektiven einschreiben, die in Bezug auf migrierte Kinder eingenommen und erwartet werden sollen. Man kann hier davon sprechen, dass es einen ‚heimlichen Lehrplan' des Arbeitsblattes gibt, der unabhängig von möglichen pädagogischen Intentionen gelesen werden kann. Diese lässt sich wie folgt skizzieren: Die Benennung von Charakteren mit den Namen Samir und Rabih wird kombiniert mit der Zuschreibung von Migrationsgeschichten. Hätten stattdessen auch Kinder, die nicht als Geflüchtete positioniert werden, diese Namen erhalten, wäre Migration nicht als Sonderfall, sondern als Normalfall migrationsgesellschaftlicher Realität behandelt worden.

▶ Im rekonstruierten Arbeitsblatt spiegelt sich die Paradoxie interkultureller Pädagogik wider. Die Intentionen interkultureller Pädagogik sind gekennzeichnet durch die Würdigung der Lebensweisen und Wissensbestände von Migrant/innen und das Verständnis für das (Noch-)Nicht-Verstehen der mehrheitsgesellschaftlichen Konventionen und Normen. Die Würdigung und das Verständnis, das auch bei Kindern geweckt werden soll, die selbst keine Migrationserfahrungen haben, gehen jedoch mit einer deutlichen Markierung von Differenzen einher, die pädagogisch bearbeitet werden sollen. Die Differenzen werden also zunächst markiert, um sie dann zu bewerten (Höhne et al. 2005).

1.4.2 Kritische Auseinandersetzungen mit der Interkulturellen Pädagogik

Erziehung als Einwanderungshilfe

Unter der Überschrift „Erziehung als Einwanderungshilfe" (Diehm and Radtke 1999) skizzieren Isabell Diehm und Frank-Olaf Radtke eine Perspektive, die vor allem auf die gesellschaftlichen und institutionellen Bedingungen pädagogischen Handelns zielt. Während die vorher genannten Ansätze also vor allem auf den pädagogischen Umgang mit Migrant/innen oder das interkulturelle Verstehen gerichtet waren, ist die theoretische Skizze von Diehm und Radtke auf die Bedeutung des Systems (also der Gesellschaft und ihrer Institutionen) orientiert. Das bedeutet aber nicht, dass sich die Autor/innen keine Vorstellung von der Erziehungspraxis machen. Im Gegenteil: In ihren Arbeiten untersuchen sie konsequent die Praxis von Bildung und Erziehung in Migrationsgesellschaften. Solche auf das System gerichtete Untersuchungen gehen nicht nur pädagogisch-programmatisch vor, sondern erforschen mithilfe empirischer Untersuchungen zum Beispiel die pädagogische Praxis an Schulen. Eine bedeutsame frühe Studie ist diejenige von Frank-Olaf Radtke und Mechtild Gomolla:

Die Autor/innen (Gomolla und Radtke 2002) gehen davon aus, dass Diskriminierung nicht nur eine persönliche Angelegenheit sei, die von Lehrer/innen als Einzelpersonen ausgeübt würde, sondern dass Diskriminierung in Institutionen und das Handeln innerhalb dieser Institutionen eingeschrieben ist. Sie sprechen deshalb von „institutioneller Diskriminierung" (hierzu ausführlicher Abschn. 2.1. Dabei werden Formen direkter und indirekter Diskriminierung unterschieden: Direkte Diskriminierung wäre, wenn eine Person sich gegenüber einer anderen aufgrund der Annahme eines geringeren Status der „anderen" Person negativ bzw. missachtend äußert oder wenn Kinder z. B. aufgrund fehlender Deutschkenntnisse in der Schule zurückgestellt werden. Darin kommt jedoch auch bereits eine indirekte, institutionalisierte Sicht zum Ausdruck: So bezieht sich die schulische Bewertung auf gesellschaftliche Normen (z. B. Vorstellungen von Eignung, Leistungsfähigkeit und Begabung), die in die alltäglichen Routinen von Institutionen eingebettet sind. Die Annahme, dass z. B. Migrant/innen schulisch weniger leistungsfähig seien als Nicht-Migrant/innen, ist Ausdruck bestimmter Defizitdiagnosen, die auch in Notengebung, Schullaufbahnempfehlungen und Rückstellungen zum Ausdruck kommen.

Gomolla und Radtke haben hierzu zahlreiche empirische Daten zusammengetragen, anhand derer dies deutlich wird. Die Schlussfolgerungen, die Diehm und Radtke (1999) aus den Ergebnissen der hier beschriebenen (zwar früher

1.4 Ansätze pädagogischen Handelns in der Migrationsgesellschaft ...

durchgeführten, aber später erschienenen) Studie für pädagogisches Handeln in der Migrationsgesellschaft ziehen, betrifft einerseits die Ebene der Ausbildung künftiger Lehrer/innen, andererseits die Ebene der Schulorganisation. Das Erziehungssystem, so führen sie aus, kann sein Versprechen, dass jede/r beteiligt wird, nur dann umsetzen, wenn auf beiden Ebenen Antidiskriminierungsstrategien vermittelt bzw. umgesetzt werden. Antidiskriminierung wäre dabei eine Strategie, die sich systematisch für die Durchsetzung von Gleichbehandlung einsetzt. Dazu zählt unter anderem die Qualifikation/Sensibilisierung (künftig) pädagogisch Handelnder (vgl. Scherr 2016). Diehm und Radtke fordern im Sinne der Qualifikation pädagogischen Personals, bereits die Ausbildungsebene einzubeziehen, damit Studierende auf ihrem Professionalisierungsweg Selbstbeobachtungs- und Theorieperspektiven einnehmen können.

Für die Schulentwicklungsebene schlagen Diehm und Radtke (1999) Schul- und Bildungsangebote als Gegenstand der lokalen Bildungspolitik vor, die versuchen, „die Mechanismen, die zu Benachteiligungen von ethnisch definierten Gruppen führen [....], in den Schulentwicklungsplänen vorwegzunehmen, um sie auf diese Weise außer Kraft zu setzen" (ebd., S. 190). Als Beispiel dafür, dass ein bildungsplanerisches Vorgehen schon einmal Erfolg hatte, nennen die Autor/innen die Bildungsreform der späten 1960er Jahre. Als damals deutlich wurde, dass insbesondere Mädchen aus schlechtergestellten sozialen Milieus auch schulisch extrem benachteiligt wurden, wurden mehr Bildungsplätze an höheren Schulen für sie geschaffen. Nun gäbe es auch an diesem Argument die ein oder andere Kritik zu üben, da mit diesen Maßnahmen die Schlechterstellung nicht aufgehoben ist. Gleichwohl zeigen Diehm und Radtke auf, dass die Öffnung der Schule(n) und die systematische Steigerung der Bildungsbeteiligung sehr bedeutsam ist. Diese Perspektive nennen sie „Erziehung als Einwanderungshilfe". Sie ist aufgrund ihrer systematischen Implikationen auch heute noch aktuell.

▶ Die Perspektive einer „Erziehung als Einwanderungshilfe" ist deshalb interessant, weil hier erstmals weniger die Arbeit „an" den Migrant/innen und einer ihnen unterstellten kulturellen Identität im Fokus steht als vielmehr die Arbeit an den gesellschaftlichen und institutionellen Strukturen von Erziehung und Bildung. Es werden nicht mehr nur die individuelle Fremdheit „der Anderen" markiert und zum Anlass pädagogischen Handelns genommen, sondern am Gleichheitsversprechen der Gesellschaft in Bezug auf schulische Bildung angesetzt und Bedingungen seiner Umsetzung für die Migrationsgesellschaft diskutiert.

Migrationspädagogik

Wurde oben beschrieben, dass für bestimmte Perspektiven interkultureller Pädagogik die Anerkennung der verschiedenen kulturellen Identitätsentwürfe von Schüler/innen zentral ist (Auernheimer 1999, S. 223), so erfährt auch diese Perspektive Kritik. Wesentlich ist in diesem Zusammenhang die Auseinandersetzung mit dem Anerkennungskonzept der Interkulturellen Pädagogik durch Paul Mecheril (2004), der daraus das Konzept einer „Migrationspädagogik" entwickelt. Mecheril siedelt Migrationspädagogik bzw. „eine migrationspädagogische Orientierung" (ebd., S. 213) im Feld von Anerkennung und Zugehörigkeit an.

Anerkennung beschreibt er in diesem Zusammenhang als ambivalenten Begriff, da Anerkennung (z. B. als eine bestimmte Person) immer auch Missachtung (die Verwehrung der Möglichkeit, eine andere Person zu sein) beinhaltet. Die Ambivalenz im Fall von Migration offenbart sich darin, dass eine Identitätsfestschreibung erfolgt, die den „Ausschluss der Marginalisierten durch die Anerkennung ihrer ‚Identität'" (ebd., S. 220) bestätigt. Anerkennung kann also bedeuten, dass man eine Bestätigung der eigenen Zugehörigkeit(en) und Identifikation(en) erfährt. Dabei bleibt jedoch die Idee, dass man zum Beispiel zu mehreren Gruppen gleichzeitig gehören kann – Mehrfachzugehörigkeit – auf der Strecke. Dies hat sich bereits im vorhergehenden Teilkapitel (vgl. 1.4.1) am Beispiel der Thematisierung der Einschulung im Text von Serdar Somuncu gezeigt: Die Intention der Anerkennung als „Andere" und dadurch auch „anders Lernende" bedeutete dort eine Missachtung als Leistungsträger/in. Auch die Festschreibung von Rabih und Samir als geflüchtete Kinder im vorangegangenen Beispiel verwehrt eine Anerkennung dieser fiktiven Charaktere als Mehrheitsangehörige. Die Reflexion der Doppelwertigkeit/Ambivalenz der Anerkennung, die einerseits wertschätzend, andererseits missachtend sein kann, bedeutet im Fall von Migration auch in vermeintlich anerkennenden Kontexten, dass möglicherweise eine Festschreibung auf das Anderssein erfolgt. Anerkennung ist also eine Paradoxie: Anerkannt zu sein heißt, als jemand Bestimmtes zu gelten und damit nicht jemand Anderes sein zu können. Gleichzeitig gilt man als jemand, der jemand anderes ist/nicht ist.

Beispiel

Die 23-jährige Selcan studiert Pädagogik in einer deutschen Großstadt. In einem biographischen Interview berichtet sie über ihr Selbsterleben als Schülerin im Vergleich zu ihrer älteren Schwester, die trotz guter Noten lediglich eine (damals noch bindende) Schulübergangsempfehlung zur Realschule bekam. Danach gefragt, wie sie sich dies erklärt, antwortet sie:

„Weil die Lehrer das so für sie entschieden haben und meine Eltern dachten, okay, wenn sie das machen. Ja, die hat eigentlich immer perfekte Noten gehabt, ich kann's eigentlich heut' noch nicht verstehen, dass die das überhaupt vorgeschlagen haben. Die hat dann auch BWL studiert und einen super Abschluss gemacht und ich bin froh, dass sie das gemacht hat. Aber positiv beeinflusst wurden wir eigentlich alle nicht von Lehrern. Also grad in der Grundschule und Förderstufe sieht man schon die Tendenz, dass alle türkischen Kinder eigentlich so in Haupt-, Real- aufgeteilt werden und ich weiß nicht. Vielleicht ist das das, wo man dann auch sagt, okay, ich zeig's und ich pack's auch. Also meine Grundschullehrerin, die kam zur Abschlussfeier, als wir Abi gemacht haben. Und die stand vor mir und meinte sie könnt's nich' glauben, weil ich stand noch auf der Bühne und hab noch einige Spiele moderiert und so. Und sie stand vor mir und meinte, sie wär total stolz auf mich, aus dem kleinen schüchternen Mädel wär ·ne selbstbewusste Frau geworden. Und das hat einen schon irgendwie stolz gemacht" (Hummrich 2009).

Selcan thematisiert hier die von Mecheril beschriebene Paradoxie der Anerkennung: Sie nimmt an, dass die Schwester die Empfehlung zum Gymnasium nicht erhielt, weil sie als Türkin für weniger leistungsfähig gehalten wurde. Diese strukturelle Diskriminierung übernimmt Selcan in ihr Selbstbild und überführt es – ähnlich wie ihre Schwester – in eine sich zur Wehr setzende Haltung. Dies bringt ihr schließlich Anerkennung als „stolze und selbstbewusste Frau". Interessant daran ist, dass nicht die schulischen, sondern die familialen Beziehungen als unterstützend beschrieben werden. Der Stolz der Lehrerin und deren Anerkennung zeigt Selcan, dass sie stolz auf ihre eigene Leistung sein kann. Dabei knüpft das Bild „selbstbewusste Frau" an ein modernes Handlungsideal an: Das weibliche Subjekt der Gesellschaft soll sich seiner selbst bewusst, emanzipiert und mündig sein. Diesem Ideal entspricht Selcan. Das verweist gleichzeitig darauf, dass Anerkennung immer auch bedeutet, sich einer bestimmten Norm angepasst oder unterworfen zu haben. Migration als biografisches Thema wird in diesem allgemeinen Zusammenhang deshalb bedeutsam, weil Selcan selbst die Erzählung in den Zusammenhang der Migrationserfahrung einbettet. Dies verweist darauf, dass sich die subjektiven Erfahrungen als Migrant/in nicht von anderen Zuschreibungen („schüchternes Mädel", „selbstbewusste Frau") trennen lassen. Selcan beschreibt somit den Weg in eine Zugehörigkeitsordnung, den sie sich durch Bildung verschafft hat (Hummrich 2009).

▶ In der Perspektive der „Migrationspädagogik" kommt es nicht nur darauf an, dass die ambivalenten Anerkennungsstrukturen reflektiert werden, sondern auch darauf, dass jene gesellschaftlichen Zugehörigkeitsordnungen, die zu systematischen Missachtungen führen können, in die Analyse von subjektiven Erfahrungen einbezogen werden. Das bedeutet, dass Handeln immer wieder auf aktuelle Teilhabeoptionen und Ausschlussrisiken befragt und hinterfragt wird. Damit ist die migrationspädagogische Perspektive eine, die sowohl individuelle Aspekte des Handelns wie auch die gesellschaftliche Dimension von Teilhabe und Zugehörigkeit betrachtet.

1.4.3 Reflexive Interkulturalität – ein Resümee

Der Gang durch die unterschiedlichen Ansätze zeigt, dass jeweils unterschiedliche Aspekte im Vordergrund stehen. Man könnte auch sagen: Sie sind jeweils auf unterschiedlichen Ebenen angesiedelt. Die hier benannten Perspektiven von Ausländer- und Interkultureller Pädagogik betreffen vor allem Perspektiven des pädagogischen Handelns, die einer „Erziehung für die Einwanderungsgesellschaft" und „Migrationspädagogik" suchen nach einer Vermittlung zwischen der Entwicklung pädagogischer Professionalität und der Reflexion der strukturellen gesellschaftlichen Bedingungen – das heißt der Gesellschaft und ihren Institutionen mit ihren jeweiligen normativen Ordnungen. Diese Vorstellungen sind wiederum in weiterführenden Perspektiven zu Interkultureller Bildung integraler Bestandteil (Gogolin und Krüger-Potratz 2010; Karakaşoğlu et al. 2011).

Die Unterschiedlichkeit pädagogischer und erziehungswissenschaftlicher Zugänge reflektiert die Skizze einer „Reflexiven Interkulturalität" von Franz Hamburger (2009). Dabei handelt es sich weniger um einen pädagogischen Ansatz als vielmehr um eine Diskussion der Stärken und Schwächen der unterschiedlichen Perspektiven. Um die Einordnung nachvollziehen zu können, ist es wichtig zu wissen, dass der Zusammenhang von Pädagogik und Migration gesellschaftlich-systemische und interaktionsbezogene Dimensionen impliziert. Diese umfasst gesellschaftliche Strukturen wie Gesetze, Regularien, Vorschriften und Empfehlungen, sowie u. a. auch die normativen Erwartungen und Diskurse, die sich mit dem pädagogischen Handeln in der Migrationsgesellschaft verbinden. Dies sind zum Beispiel Einwanderungsbestimmungen oder die KMK-Richtlinien zur interkulturellen Bildung, ebenso wie politische Diskurse um Flucht und Migration und Interaktionen zwischen Lehrer/innen und Schüler/innen in der Schule. Schließlich geht es politisch und pädagogisch darum, das

1.4 Ansätze pädagogischen Handelns in der Migrationsgesellschaft ...

Bildungssystem so zu gestalten und seine Akteur/innen so zu qualifizieren, dass die Funktionen der demokratischen Gesellschaft erhalten bleiben und Teilhabe ermöglicht wird.

Mit Blick auf interaktionsbezogene Dimensionen steht das Handeln von Menschen in pädagogischen Kontexten im Fokus. Dies ist uns zum Beispiel bei der „Ausländerpädagogik" und der „Interkulturellen Pädagogik" begegnet. Der Schwerpunkt liegt hier auf pädagogischem Handeln, das die ‚defizitären Ausländer/innen' korrigiert und an die Standards der Schule anpasst oder das die ‚kulturelle Identität der Migrant/innen' besonders würdigt und dabei Gefahr läuft, die eigenen (Ein-)Gebundenheiten zu verkennen und Unterschiede zu stark zu betonen.

Schon die Ansätze „Erziehung als Einwanderungshilfe" und „Migrationspädagogik" beziehen die gesellschaftlich-systemische und die interaktionsbezogene Perspektive in ihre Entwürfe ein. Diese Bezugnahme fordert auch Hamburger (2009). Er teilt jedoch die Kritik des systemtheoretischen Ansatzes („Erziehung als Einwanderungshilfe") an einer rein handlungsorientierten Ausrichtung Interkultureller Pädagogik. Gleichzeitig weist er darauf hin, dass professionalisiertes Handeln auch einer Reflexion des Handelns in Zusammenhängen bedarf, in denen Migrant/innen und Nicht-Migrant/innen vergemeinschaftet sind (also z. B. in der Schule).

▶ „Reflexion heißt im Zusammenhang mit Interkulturalität also Nachdenken über das Rationalitätsmodell, das die Forderung nach Interkulturalität in Gang gebracht hat. Reflexivität wendet sich nicht nur den Intentionen, sondern auch den Folgen der Realisierung von Intentionen zu und kann zu einer ‚bescheideneren Formatierung' des ursprünglichen Programms führen, indem die stereotype Forderung nach Inter-Kulturalisierung begrenzt und Alternativen wie Ent-Kulturalisierung oder die Nicht-Thematisierung von kulturellen Differenzen begründet und rehabilitiert werden" (ebd., S. 129).

Damit übt der Autor Kritik daran, dass in interkulturellen Ansätzen das Thema „Kultur" überbetont werde. Dies stehe dem Gleichheitsgrundsatz des Bildungssystems entgegen: Alle Menschen haben ein Recht auf Bildung und Erziehung und die Benotung erfolgt nach Maßgaben der Leistungsgerechtigkeit (nicht etwa der Vererbung oder der Abstammung). Hier soll – so Hamburger – darüber nachgedacht werden, welches Rationalitätsmodell mit „Interkulturalität" aufgerufen wird und welches die Folgen davon sind. So zeigt das Arbeitsblatt, das wir im Abschnitt zur Interkulturellen Pädagogik (vgl. 1.4.1) diskutiert haben, dass das hier thematisierte Rationalisierungsmodell auch zur Folge hat, Schüler/innen im

Prozess des *Othering* als Geflüchtete zu positionieren und zu Anderen zu machen. Dabei werden Teilhabemöglichkeiten verhandelt und Zugehörigkeit konstruiert. Mit Blick auf die oben zitierte Interviewsequenz, in der Selcan von ihren Erfahrungen berichtet, wird Zugehörigkeit auch in Bezug auf den Wunsch nach Anerkennung als „selbstbewusste Frau" relevant.

Teilhabe umfasst damit viele Dimensionen, die in unterschiedlichen Kontexten relevant werden. Hinsichtlich schulischer Teilhabe ist zu berücksichtigen, dass Kinder und Jugendliche dort als Lernende zusammenkommen. Sie tragen all ihre Erfahrungen, die durch gesellschaftliche Bewertungen, Normen und Anerkennungsstrukturen gekennzeichnet sind, in die Schule hinein und bringen diese – möglicherweise konflikthaft – gegenüber anderen Lernenden zur Geltung. Im Konfliktfall kann die Thematisierung von Kultur und Interkultur unter Umständen pädagogisch wichtig und sinnvoll sein, so Hamburger (2009). In Fällen jedoch, in denen es um allgemeine Grundsätze (Achtung als Person, Gerechtigkeit im Sinne einer demokratisch verfassten Ordnung) geht, seien diese Besonderungen fehl am Platze. Vielmehr käme es darauf an, auf der Grundlage einer allgemeinen Verfassung von Gleichheit unterschiedliche Formen der Differenzierung zu ermöglichen.

> Auch wenn die Perspektiven auf den pädagogischen Umgang mit Migration hier keineswegs erschöpfend behandelt wurden, stellt sich doch heraus, dass pädagogische Perspektiven auf Migration nicht einseitig interaktionsbezogen betrachtet werden können. Denn pädagogisches Handeln ist immer auch Teil und Ausdrucksgestalt von gesellschaftlichen Strukturen. Pädagogik und Migration haben also – das zeigen insbesondere die Ansätze zu Migrationspädagogik und zu Erziehung als Einwanderungshilfe – gesellschaftlich-systemische und handlungsbezogene Dimensionen.

Die Frage, wie die geforderte Reflexive Interkulturalität zu leisten sei, die schließlich Professionalisierungsprozesse unterstützt, bleibt in den meisten der vorgestellten Ansätze unbeantwortet – dies ist nicht zuletzt der Komplexität jener Zusammenhänge geschuldet. Wir werden uns mit vorliegendem Band an dieses Problem annähern, indem wir ein kasuistisches Vorgehen vorschlagen (Hummrich 2016). Dabei bedeutet Kasuistik die Lehre vom Fall. So wie wir hier einzelne Aspekte von Migration und Erziehung/Bildung anhand von Fallbeispielen diskutiert haben, sollen solche Beispiele auch im Folgenden ermöglichen, die unterschiedlichen Dimensionen pädagogischen Handelns im Umgang mit Migration zu betrachten. In den folgenden Abschnitten zu den systemischen Bedingungen pädagogischen Handelns in der Migrationsgesellschaft wenden wir daher immer wieder Fallbeispiele an, um einzelne Aspekte zu verdeutlichen. Kasuistik spielt in diesem Band somit zunächst eine konzeptionelle Rolle, indem wir Fallbezüge (insbesondere in Kap. 3) einbinden. Im Anschluss an die Fallanalyse im dritten Kapitel werden wir jedoch auch eine professionalisierungstheoretische Überlegung wagen, indem wir das kasuistische Vorgehen vor dem Hintergrund pädagogisch (professionellen) Handelns diskutieren.

Fragen zur Reflexion

- Diskutieren Sie, inwiefern Deutschland als Migrationsgesellschaft bezeichnet werden kann und welche migrationsgesellschaftlichen Bedingungen für schulisches Handeln bedeutsam sind.
- Das Kapitel hat zahlreiche Begriffskonjunkturen aufgezeigt. In welcher Weise hängen gesellschaftliche Auffassungen von Migration und die sprachlichen Konstruktionen von als Migrant/innen Positionierten zusammen?
- Wie wird in der/den Schule/n, die Sie kennen, über Migration gesprochen? Welche Begriffe und Diskurse tauchen in Ihrer Erfahrung auf? Haben sich diese im Vergleich zu ihrer Zeit als Schüler/in verändert? Ordnen Sie die Begriffe danach, ob eher eine Chancen- oder eine Defizitperspektive auf Migrant/innen eingenommen wird.

Literatur zur Vertiefung

Diehm, I., & Radtke, F.-O. (1999). *Erziehung & Migration: Eine Einführung.* Stuttgart: Kohlhammer *Der Band führt gut verständlich und illustrativ in pädagogische Betrachtungsweisen und Perspektiven ein, analysiert Migration von einem erziehungswissenschaftlichen Standpunkt und entwirft eine systematische Perspektive auf Erziehung in der Migrationsgesellschaft.*
Hamburger, F., Badawia, T., & Hummrich, M. (Hrsg.) (2005). *Migration und Bildung Über das Verhältnis von Anerkennung und Zumutung in der Einwanderungsgesellschaft.* Wiesbaden: VS Verlag für Sozialwissenschaften. *Dieser Herausgeberband liefert zahlreiche empirische Befunde und theoretische Reflexionen zum Thema pädagogisches Handeln in der Migrationsgesellschaft. Programmatische Hinweise auf eine pädagogische Professionalisierungsnotwendigkeit und -perspektive finden sich unter anderem in den rahmenden Artikeln der Herausgeber/innen.*
Mecheril, P., Castro Varela, M. d. M., Dirim, İ., Kalpaka, A., & Melter, C. (2010). *Bachelor/Master: Migrationspädagogik.* Weinheim und Basel: Beltz. *In diesem Band wird ganz grundlegend in migrationspädagogische Zusammenhänge eingeführt. Dabei werden gesellschaftliche Bedingungen und Diskurse analysiert und wird nach pädagogischen Ansätzen und Handlungsmöglichkeiten gefragt.*

Einzelnachweise

Auernheimer, G. (1999). Notizen zum Kulturbegriff unter dem Aspekt interkultureller Bildung. In M. Gemende (Hrsg.), *Zwischen den Kulturen* (S. 27–36). Weinheim: Juventa.

Bade, K. J., & Oltmer, J. (2004). *Normalfall Migration*. Berlin: Bundeszentrale für politische Bildung.

Castro Varela, M. d. M. (2015). Koloniale Wissensproduktionen. Edwards Saids „interpretative Wachsamkeit" als Ausgangspunkt einer kritischen Migrationsforschung. In J. Reuter & P. Mecheril (Hrsg.), *Schlüsselwerke der Migrationsforschung. Pionierstudien und Referenztheorien*. Wiesbaden: Springer VS.

Cornelsen Verlag. (2018). *Alles ist neu. Geflüchtete Kinder in Deutschland*. https://www.cornelsen.de/lehrkraefte/1.c.3319641.de/material/1.c.4312536.de?back_link=search. Zugegriffen: 16. Febr. 2018.

Diehm, I., & Radtke, F.-O. (1999b). *Erziehung und Migration. Eine Einführung*. Stuttgart: Kohlhammer.

Fend, H. (1980). *Theorie der Schule*. München: Urban & Schwarzenberg.

Foucault, M. (1977). *Sexualität und Wahrheit I. Der Wille zum Wissen*. Frankfurt a. M.: Suhrkamp.

Gogolin, I. (1994). *Der monolinguale Habitus der multilingualen Schule*. Münster: Waxmann.

Gogolin, I., & Duarte, J. (2018). Migration und sprachliche Bildung. In I. Gogolin, V. Georgi, M. Krüger-Potratz, D. Lengyel, & U. Sandfuchs (Hrsg.), *Handbuch Interkulturelle Pädagogik* (S. 67–72). Bad Heilbrunn: Klinkhardt.

Gogolin, I., & Krüger-Potratz, M. (2010). *Einführung in die Interkulturelle Pädagogik*. Weinheim: Beltz-Juventa.

Gomolla, M., & Radtke, F.-O. (2002). *Institutionelle Diskriminierung. Die Herstellung ethnischer Differenz in der Schule*. Opladen: Leske+Budrich.

Hamburger, F. (2009). *Abschied von der interkulturellen Pädagogik. Plädoyer für einen Wandel sozialpädagogischer Konzepte*. Weinheim: Beltz-Juventa.

Hamburger, F., Badawia, T., & Hummrich, M. (Hrsg.). (2005). *Migration und Bildung. Über das Verhältnis von Anerkennung und Zumutung in der Einwanderungsgesellschaft*. Wiesbaden: VS Verlag.

Hamburger, F., & Stauf, E. (2009). „Migrationshintergrund" zwischen Statistik und Stigma. *Friedrich Schülerheft*, 30–31.

Hintermann, C., & Herzog-Punzenberger, B. (2018). Migration. In I. Gogolin, V. Georgi, M. Krüger-Potratz, D. Lengyel, & U. Sandfuchs (Hrsg.), *Handbuch Interkulturelle Pädagogik* (S. 24–30). Bad Heilbrunn: Klinkhardt.

Höhne, T., Kunz, T., & Radtke, F.-O. (2005). *Bilder des Fremden*. Frankfurt a. M.: Johann Wolfgang Goethe-Universität.

Hormel, U., & Scherr, A. (Hrsg.). (2010). *Diskriminierung. Grundlagen und Forschungsergebnisse*. Wiesbaden: VS Verlag.

Hummrich, M. (2009). *Bildungserfolg und Migration. Biografien junger Frauen in der Einwanderungsgesellschaft* (2. Aufl.). Wiesbaden: VS Verlag.

Hummrich, M. (2016). Was ist der Fall? Zur Kasuistik in der Erziehungswissenschaft. In M. Hummrich, A. Hebenstreit, M. Hinrichsen, & M. Meier (Hrsg.), *Was ist der Fall? Kasuistik und das Verstehen pädagogischen Handelns* (S. 13–37). Wiesbaden: Springer VS.

Hummrich, M., & Kramer, R.-T.(2017). *Schulische Sozialisation*. Wiesbaden: Springer VS.

Hummrich, M., & Krüger-Potratz, M. (2020). Interkulturalität und Unterrichten. In E. Kiel, B. Herzig, U. Meier, & U. Sandfuchs (Hrsg.), *Handbuch Unterrichten an allgemeinbildenden Schulen (im Erscheinen)*. Kinkhardt: Bad Heilbrunn.

Karakaşoğlu, Y., Gruhn, M., & Wojciechowicz, A. (2011). *Interkulturelle Schulentwicklung unter der Lupe*. Münster: Waxmann.

KMK – Ständige Konferenz der Kultusminister der Länder. (2014). *Definitionenkatalog zur Schulstatistik 2014*. https://www.kmk.org/fileadmin/pdf/Statistik/Dokumentationen/Defkat2014.pdf. Zugegriffen: 2. Apr. 2019.

Krüger-Potratz, (2016). Migration als Herausforderung für öffentliche Bildung. In A. Doğmuş, Y. Karakaşoğlu, & P. Mecheril (Hrsg.), *Pädagogisches Können in der Migrationsgesellschaft* (S. 13–41). Wiesbaden: Springer VS.

Lee, E. S. (1966). A theory of migration. *Demography, 3*(1), 47–57.

Mecheril, P. (2004). *Einführung in die Migrationspädagogik*. Weinheim: Beltz.

Mecheril, P., van der Haagen Wulff, M. (2020). Angst und Wut. Zur affektiven Konstruktion migrationsgesellschaftlicher Ordnung. In: M. Kulaçatan & H. H. Behr (Hrsg.), *Migration, Religion, Gender und Bildung. Beiträge zu einem erweiterten Verständnis von Intersektionalität*. Bielefeld: transcript.

Pries, L. (2002). Transnationalisierung der sozialen Welt? *Berliner Journal für Soziologie, 12*(2), 263–272.

Radtke, F.-O. (2004). Schule und Ethnizität. In W. Helsper & J. Böhme (Hrsg.), *Handbuch der Schulforschung* (S. 625–646). Wiesbaden: VS Verlag.

Rommelspacher, B. (1995). *Dominanzkultur: Texte zu Fremdheit und Macht*. Berlin: Orlanda-Frauenverlag.

Said, E. (2003). *Orientalism* (5. Aufl.). London: Penguin.

Sassen, S. (2017). *Migranten, Siedler, Flüchtlinge: von der Massenauswanderung zur Festung Europa*. Frankfurt a. M.: Fischer.

Scherr, A. (2016). Diskriminierung/Antidiskriminierung – Begriffe und Grundlagen. In *bpb: Aus Politik und Zeitgeschichte*. http://www.bpb.de/apuz/221573/diskriminierung-antidiskriminierung-begriffe-und-grundlagen. Zugegriffen: 9. Aug. 2018.

SINUS (2016). *Markt-, Sinus- und Sozialforschung. Sinus-Milieus in Deutschland 2016*. Heidelberg. http://www.sinus-institut.de/fileadmin/dokumente/Infobereich_fuer_Studie-rende/2015-01-01_Infoblatt_Sinus-Milieus_Studentenversion.pdf. Zugegriffen: 18. Okt. 2017.

Somuncu, S. (2004). *Getrennte Rechnungen. Storys*. Bergisch Gladbach: Lübbe.

Stefanowitsch, A. (2012). *Flüchtlinge und Geflüchtete*. http://www.sprachlog.de/2012/12/01/fluechtlinge-und-gefluechtete/. Zugegriffen: 17. März 2019.

Stošić, P. (2017). Kinder mit Migrationshintergrund. In I. Diehm, M. Kuhn, & C. Machold (Hrsg.), *Differenz, Ungleichheit, Erziehungswissenschaft* (S. 81–99). Wiesbaden: Springer VS.

Treibel, A. (1999). *Migration in modernen Gesellschaften* (2. Aufl.). Weinheim: Juventa.

Weiss, K., & Dennis, M. (2005). *Erfolg in der Nische? Die Vietnamesen in der DDR und in Ostdeutschland*. Münster: LIT.

2 Analytische Betrachtungen systemischer Bedingungen von Schule in der Migrationsgesellschaft: Institutionelle Diskriminierung und Rassismuskritik

2.1 Institutionelle Diskriminierung

> **Beispiel**
> „Am 3. Dezember 2010 steigt ein deutscher Student in einen Regionalzug von Kassel nach Frankfurt/Main. Er studiert in Kassel und möchte über das Wochenende seine Eltern besuchen. Nach dem zweiten Zwischenstopp des Zuges verlässt er das Abteil, um sich einen Tee zu holen. Auf dem Weg zurück zu seinem Platz wird er von zwei Beamten der Bundespolizei wahrgenommen, angesprochen und aufgefordert, sich auszuweisen. Er weigert sich, sich auszuweisen. Die Polizisten durchsuchen daraufhin seinen Rucksack, ohne darin Ausweispapiere finden zu können. Schließlich wird er zur Dienststelle der Bundespolizei nach Kassel verbracht, wo seine Personalien festgestellt werden" (Cremer 2017, S. 405). Bei der anschließenden Gerichtsverhandlung erklärte einer der beteiligten Polizeibeamten, im Rahmen von Personenkontrollen würden gezielt Personen angesprochen, die ‚als Ausländer erscheinen' (vgl. ebd.). „In diesem Fall sei die Hautfarbe des Studenten das Kriterium gewesen, aufgrund dessen man ihn kontrolliert habe."

Anlasslose Personenkontrollen bei der Polizei sind ein bekanntes Thema in Diskussionen um institutionellen Rassismus, die in den USA noch viel stärker als in Deutschland geführt werden – z. B. im Zusammenhang mit Polizeigewalt gegenüber und der Personenkontrolle von Menschen ‚of color', die nicht als ‚weiße' Mehrheitsangehörige positioniert werden. In Deutschland hat der oben dargestellte Fall im Jahr 2010 für Aufsehen gesorgt. In der dort beschriebenen Praxis werden äußerliche Merkmale herangezogen, um anlasslose Personenkontrollen durchzuführen – damit sind Kontrollen gemeint, die auch dann erfolgen können, wenn jemand sich nicht verdächtig oder auffällig verhält. Inwiefern diese Praxis rechtmäßig ist, ist auch Gegenstand vieler weiterer Gerichtsverfahren, in denen ähnliche Fälle verhandelt werden.

Unabhängig von der rechtlichen Entscheidung, was als Diskriminierung zu gelten habe und was nicht, kann das Vorgehen der Polizei auch aus sozialwissenschaftlicher Perspektive betrachtet werden. Interessant ist hier, dass im genannten Fall die Kategorien „Hautfarbe" und „Ausländer" ungefüllt bleiben. Es bleibt der Interpretation der Leser/innen überlassen, ob die Polizist/innen hier als „weiß" oder „schwarz" wahrgenommen werden, ob sie in dem Studenten einen „weißen" Mehrheitsangehörigen gesehen haben oder nicht. Hier tauchen keine Bezeichnungen wie „weiß" oder „schwarz" auf. Streng genommen wissen wir daher nicht, ob das Verhalten der Polizist/innen als „Racial Profiling" gelesen werden kann oder nicht. Möglicherweise haben aber auch Sie bei der Betrachtung des Beispiels die jeweiligen Bezeichnungen „hineingelesen" und den Fall als mögliche rassistische Diskriminierung betrachtet. Dass die Konstrukte äußerlicher Merkmale wie Hautfarbe bedeutsam gemacht und die damit verbundenen Zuschreibungen (hier: Positionierung als „Ausländer") nicht inhaltlich konkretisiert werden, verweist auf eine Tabuisierung von Rassismus und zugleich auf seine Wirkmächtigkeit.

Dies verdeutlicht bereits, dass das Verhalten der Polizist/innen als Ausdruck einer regelmäßigen und institutionalisierten Praxis eingestuft werden kann. Mit anderen Worten: Polizist/innen sind zwar die jeweils ausführenden Akteur/innen, deren Handeln sich hier als rassistische Diskriminierung lesen lassen kann; dies geschieht jedoch auf der Grundlage institutioneller Regeln – zum Beispiel dienstlicher Vorschriften.

Doch nicht nur bei der Polizei, auch in pädagogischen Institutionen wie der Schule spielt der sogenannte „institutionelle Rassismus" eine Rolle. Für den Bildungsbereich sind mittlerweile einige Studien zu diesem Phänomen entstanden, die herausarbeiten, wie strukturelle bzw. systemische Bedingungen Rassismen hervorbringen (vgl. Gillborn 2002). Mechtild Gomolla und Frank-Olaf Radtke (2009) schließen an diese wissenschaftlichen Debatten an und übertragen sie auf Diskriminierungen im deutschen Bildungssystem, konkret auf die Legitimation von Entscheidungsprozessen an Schulen. Sie sprechen dabei von „institutioneller Diskriminierung" (nicht von institutionellem Rassismus). Die umfassende Bezeichnung von „Diskriminierung" nimmt beispielsweise auch andere Formen wie Sexismus in den Blick (ebd., S. 43). Die Studie zu „institutioneller Diskriminierung" wurde bereits in Kap. 1 dieses Buchs angesprochen. Hier soll noch einmal näher auf die analytische Perspektive der erziehungswissenschaftlichen Überlegungen zu Diskriminierung in der Schule eingegangen werden. Diese basieren auf anglo-amerikanischen Debatten zu institutionellem Rassismus und institutioneller Diskriminierung. Aus dieser Sicht werden nicht Handlungsmotive oder Vorurteile von Einzelpersonen in den Fokus gerückt, sondern Rassismus und andere Formen von Diskriminierung als strukturelle Benachteiligungen aufgefasst. Diese strukturellen Benachteiligungen werden insbesondere über alltägliche und routinierte Handlungsabläufe in Institutionen reproduziert. Solche Handlungsabläufe folgen vor allem der Logik und den Regeln der Institution. Zu kritisieren sind aus dieser Perspektive auf die Handlungsabläufe dann weniger die schulischen Akteur/innen und „ihr" diskriminierendes Handeln als vielmehr die jeweiligen Bestimmungen, die ihnen als Handlungsgrundlage dienen. Gomolla und Radtke wenden sich damit auch gegen Ansätze, die das Gelingen nicht-diskriminierender Praxis alleine in einer „guten Pädagogik" sehen: Nicht der/die Einzelne kann die pädagogische Situation „retten". Organisationale Entscheidungen sind in diesem Verständnis keine zufälligen und individuellen Prozesse, sondern sichern die Abläufe von Organisationen ab. Insofern können sie nicht „[...] auf einzelne Akteure, ihre Motive und Einstellungen zugerechnet werden [...] (ebd., S. 266)". Konkret setzt diese Perspektive damit zunächst an solchen strukturellen Diskriminierungen an, die über einzelne Organisationen wie die Schule hinausweisen:

▶ „erstens gesetzliche Vorschriften [...], wie sie z. B. im Aufenthaltsrecht, im Arbeitserlaubnisrecht, dem Steuerrecht, dem Sozialversicherungsrecht, den Bestimmungen über das Kindergeld oder die Sozialhilfe, dem Niederlassungsrecht usw. institutionalisiert sind, die im bundesdeutschen Sozialstaat nicht nur Deutsche von Ausländern unterscheiden, sondern auch Ausländer je nach ihrem aufenthaltsrechtlichen Status als EU-Angehörigen, Gastarbeiter, Flüchtling, Asylbewerber oder -berechtigten ganz legal unterschiedlich behandeln" (Gomolla und Radtke 2009, S. 19).

Die Studie konzentriert sich dann „zweitens [auf] das große Dunkelfeld der alltäglichen Diskriminierung in Organisationen, auf die nur zurück geschlossen werden kann, weil sich ihre Effekte statistisch beschreiben lassen" (ebd.). Mit dem Begriff „Dunkelfeld" ist ein Hinweis darauf gemacht, dass alltägliche Diskriminierung in Organisationen wissenschaftlich bislang noch wenig beleuchtet wurde. Hier setzt die Studie an und kombiniert unterschiedliche Verfahren empirischer Sozialforschung. Zunächst wurden die statistisch dokumentierten Auswirkungen von Diskriminierungen entlang ethnischer Differenzierungen in der Organisation Schule in den Blick genommen. Daran anschließend wurden qualitative Methoden genutzt, um diese Mechanismen und Prozesse, die zu Diskriminierung führen, sichtbar zu machen. Anhand von (Sonderschul-)Gutachten und leitfadengestützten Expert/inneninterviews, unter anderem mit Schulleiter/innen und Lehrer/innen, wurden „Entscheidungs- und Begründungsmuster" (ebd., S. 149) rekonstruiert, die in Bezug auf schulische Entscheidungen rückblickend angeführt werden (zum Beispiel die Begründungen zur Zahl der Rückstellungen bei der Einschulung) (vgl. ebd., S. 150).

Die Auswertungen der Interviews aus Grund-, Haupt- und Sonderschulen verweisen auf wiederkehrende Argumentationen, die jeweils eine spätere Einschulung, Zurückstufung oder Weiterempfehlung von Migrant/innen an die Sonderschule zu legitimieren versuchen. Zu diesen Argumentationen, die sich häufig auf zugeschriebene Merkmale der Schüler/innen konzentrieren, zählen Sprachdefizite, fehlende Unterstützung durch das (‚ausländische') Elternhaus oder kulturell bedingte Defizite (vgl. ebd. S. 270 ff.). Diese Zuschreibungen sind, so die Autor/innen, zum Teil sehr weitreichend:

„Wie sich in den Interviewausschnitten zeigt, können Kinder selbst dann abgewiesen oder zurückgestuft werden, wenn die Sprachkenntnisse ausreichend oder die Noten gut sind. Dann wird das allgemeingültige Argument ‚kultureller/häuslicher Hintergrund' herangezogen, ‚der Schwierigkeiten erwarten läßt' (ebd., S. 271)".

Die Perspektive auf institutioneller Diskriminierung macht systematische Benachteiligungen sichtbarer. Zudem findet eine deutliche Abkehr von bis dato in wissenschaftlichen Auseinandersetzungen dominanten (sozial-)psychologischen Ansätzen statt (wie Allport 1954), in denen Diskriminierung nicht als systematisches Phänomen aufgefasst, sondern auf individuelle Vorurteile beschränkt wird. So ist es unter anderem ein Verdienst dieser beiden Autor/innen, dass sich heute auch die deutschsprachige Erziehungswissenschaft den systematischen Benachteiligungen von Menschen, die als Migrant/innen positioniert werden, in der Schule widmet.

> **Übersicht**
> Dieser Einblick zeigt bereits, wie wichtig eine kritisch-reflexive Beschäftigung mit Zuschreibungen in pädagogischen Institutionen ist. Dies gilt im Übrigen auch für Lehrer/innen, die – zum Beispiel von Kolleg/innen oder der Schulleitung – in der Schule als Migrant/innen positioniert werden. Der Verweis auf diese Positionierung soll erneut verdeutlichen, dass Merkmale wie der „Migrationshintergrund" konstruiert sind. Sie entstehen unabhängig von den Selbstverständnissen und Erfahrungen derer, denen

Diskriminierung widerfährt. Pädagogisch Professionelle, die als Migrant/innen positioniert werden, gelten dann zum Beispiel als Expert/innen für ‚Migration' und ihre eigene Migrationsgeschichte als Garant für differenzsensibles Handeln. Diese Prozesse des *Othering* (siehe auch Abschn. 1.3) und hiermit verbundene Diskriminierungserfahrungen von Lehrer/innen nehmen erziehungswissenschaftliche Studien gezielt in den Blick (wie Fereidooni 2016; Mai 2018).

Für unseren Zusammenhang konzentrieren wir uns im Folgenden auf die Schüler/innen. Zuschreibungen können auch für sie sehr folgenreich sein, wenn sie als Migrant/innen positioniert werden. Ihnen wird in der Schule beispielsweise eine herkunftsbedingte Andersheit zugeschrieben, die als Nachteil für die schulische Leistungsfähigkeit ausgelegt wird (siehe auch Kap. 1). Das pädagogische Handeln in der Schule und ihre Organisation produzieren auf diese Weise immer wieder Diskriminierungen, die Schulkarrieren nachhaltig beeinflussen können.

2.2 Rassismuskritik – analytische Perspektiven auf Rassismus

Die kritische Perspektive auf institutionelle Diskriminierung zeigt, dass die schulische Zugehörigkeit von als Migrant/in positionierten Schüler/innen an verschiedenen Stellen der schulischen Organisation infrage gestellt wird. Hier bieten sich viele Anschlüsse an, wir möchten aber im Folgenden vor allem einer Spur folgen: der Problematik von kulturalisierenden Zuschreibungen, denen Schüler/innen, die als (nicht-‚weiße') Migrant/innen positioniert werden, ausgesetzt sind. Mit diesen Fragen beschäftigt sich auch die Rassismusforschung. Gegenstand dieser Analyseperspektive ist die Auseinandersetzung mit historischen und strukturellen Bedingungen von Rassismus und dem Rassebegriff im Zusammenhang mit Prozessen und Mechanismen sozialer Ungleichheit. Im Schwerpunkt geht es also nicht nur um die situative Analyse der Hervorbringung von Differenz und Ungleichheit, sondern darüber hinaus auch darum, wie diese Hervorbringungen historisch und gesellschaftlich kontextualisiert sind (Hund 2017). Differenzierungspraktiken werden daher im Kontext gesellschaftlicher Machtverhältnisse in globalen und lokalen Verhältnissen betrachtet. Empirisch werden zum Beispiel die Routinen in Organisationen (wie der Schule) rassismuskritisch untersucht oder auch historische Perspektiven auf Macht und Herrschaft eingenommen, die zum Beispiel die Bedeutung des Rassebegriffs und die Vorstellung menschlicher „Rassen" in verschieden Kontexten analysieren.

Die Geschichte der „Rasse"-Ideologien wirkt bis heute nach und beeinflusst auch die – sich kritisch hierauf beziehende – Verwendung des Rassismusbegriffs. So bilanziert Mecheril in Bezug auf deutschsprachige Diskurse, dass der Rassismusbegriff weitgehend vermieden wird (vgl. Mecheril 2004, S. 176 ff.). Seine Verwendung scheint damit umkämpft und mit einem hohen Symbolgehalt verknüpft. Dies offenbart die Schwierigkeiten, die auch im wissenschaftlichen Rahmen damit verbunden sind, einen analytischen Rassismusbegriff zu entwickeln, der zugleich einen kritischen Anspruch verfolgt und nicht normativ aufgeladen ist. So ist mit dem Begriff gerade eine kritisch-analytische Betrachtung der „Rasse"-Semantiken und hiermit verknüpfter Ideologien verknüpft.

Im Alltagsverständnis wird der Rassismusbegriff jedoch in die Nähe dieser Ideologien gerückt, die er kritisieren soll, was zu Unsicherheiten seiner Anwendung und letztlich zu seiner erwähnten Vermeidung führt. Diese wird unter anderem damit erklärt, dass Menschen versuchen, sich von den Grausamkeiten des Nationalsozialismus zu distanzieren. Durch das nationalsozialistische Regime hat die „Rasse"-Semantik eine spezifische Bedeutungsaufladung erfahren. Der Rassebegriff wurde gezielt eingesetzt, um genetische Unterschiede und hiermit verbundene Wertigkeiten zu behaupten und damit letztlich funktionalisiert, um die Entmenschlichung, Enteignung, Verfolgung und Ermordung von Millionen von Menschen zu rechtfertigen. Diese historischen Bedingungen und der Umgang mit ihnen erschweren auch das sich hierauf kritisch beziehende Sprechen über Rassismus: „Der distanzierende Umgang mit dem Nationalsozialismus, der alles damit Verbundene stets auf Abstand hält, begünstigt das Schweigen über Rassismus" (Messerschmidt 2016, S. 64).

In Teilen der Sozialwissenschaften gibt es daher seit Langem Bemühungen, den Rassismusbegriff analytisch zu nutzen und damit die systematische Abwertung von Menschen, die als Migrant/innen positioniert werden, sichtbar zu machen. Die Frage danach, wie systematische Diskriminierung in Interaktionen beobachtbar wird, wie also zum Beispiel Interaktionen auf strukturelle Bedingungen zurückgeführt werden können, ist Bestandteil dieser sozialwissenschaftlichen Diskussionen. Häufig scheinen hier nämlich insbesondere die individuellen Beziehungen zwischen Einzelnen thematisch und die systemische Dimension verkannt zu werden (Radtke 1995, S. 855). Die Folge einer so verstandenen Pädagogik sei, so Radtke, ein halbierter – weil nur auf die Personen, nicht auf das System gerichteter – Anti-Rassismus, der die Ursache für Diskriminierung nur in persönlichen Beziehungen verankert.

2.2 Rassismuskritik – analytische Perspektiven auf Rassismus

Wenn wir nun also eine analytische Perspektive auf Rassismus einnehmen wollen, ist es notwendig, zunächst auf sozial-und kulturwissenschaftliche Ansätze einzugehen, die sich kritisch mit dem Rassebegriff beschäftigen. Was ist also damit gemeint, dass „Rasse"-Ideologien bis heute nachwirken?

▶ „Die Tatsache, daß nur bestimmten physischen Merkmalen unter bestimmten Bedingungen die Bedeutung ‚Rasse' gegeben wird, weist schon darauf hin, daß wir keine natürlich gegebene Aufteilung der Weltbevölkerung untersuchen, sondern die Anwendung spezifisch historischer und kultureller Bedeutungen auf die Gesamtheit der physiologischen Varianten des Menschen […] ‚Rassen' sind sozial *imaginierte,* keine biologischen Realitäten" (Miles 2000, S. 19, Hervorh. im Orig.).

Heute besteht sozialwissenschaftlich weitgehend Konsens darin, dass ‚Rasse' als soziales Konstrukt zu verstehen sei. Die Erfindung menschlicher Rassen und die damit einhergehende Imagination, dass bestimmte äußerliche Merkmale entsprechend bedeutsam sind, wurde allerdings zu verschiedenen Zeitpunkten an verschiedenen Orten der Welt unternommen (wie der Hinweis auf die nationalsozialistische Ideologie zeigt). Die Konstruktion des ‚Rasse'-Begriffs kann daher nur vor dem Hintergrund des jeweiligen sozio-historischen Kontexts verstanden werden (für Deutschland z. B. Hund 2017). In diesem Sinn kann man nicht von einer linearen Geschichte *des* Rassismus sprechen, sondern nur von vielen Geschichten, die unsere Gesellschaft bis heute prägen.

Dies betrifft insbesondere (ehemalige) europäische Kolonialmächte, die sich zum Teil (erst) seit einigen Jahren auch politisch mit der eigenen Geschichte auseinandersetzen. Ein Beispiel für diese Residuen sind Gesetzestexte, die aus Zeiten stammen, in denen die Erfindung des ‚Rasse'-Konzepts zur Unterscheidung zwischen und Klassifizierung von Menschen eingesetzt wurde. Im Artikel 3 des Grundgesetzes der Bundesrepublik Deutschland ist noch heute festgehalten, dass

„Niemand […] wegen […] seiner Rasse […] benachteiligt oder bevorzugt werden"

darf. Nachdem in Frankreich im Jahr 2018 der Begriff ‚Rasse' aus der Verfassung gestrichen wurde, verschärfen sich nun auch in Deutschland die Diskussionen. Eine Auseinandersetzung mit dem Rassebegriff ist daher immer eine Auseinandersetzung mit der eigenen Geschichte, in der Politik, Wissenschaft und Gesellschaft auf komplexe Weise miteinander verwoben sind. Dies zeigen nicht zuletzt die vielfältigen und immer wiederkehrenden wissenschaftlichen Identifizierungsversuche von ‚Rassen' – zum Beispiel auch in der europäischen Philosophie (Hund 2017).

Zwar hat sich die Einsicht, dass es keine menschlichen ‚Rassen' gibt, wie bereits erwähnt, in sozialwissenschaftlichen Ansätzen heute weitgehend durchgesetzt. Diese kritische Perspektive, die historisch eine Errungenschaft darstellt, bleibt jedoch umkämpft und wird immer wieder herausgefordert. So gibt es Studien, die sich in unterschiedlicher Weise mit der Frage auseinandersetzen, wie Differenzlinien entlang von *race* sozial hergestellt werden und warum *race* und *Ethnizität* wann von wem bedeutsam gemacht werden (z. B. Anthias und Yuval-Davis 1992; Van Ausdale und Feagin 2001; Purkayastha 2005). *Race* taucht jedoch auch im englischen Sprachraum in etlichen Statistiken auf und wird als Zusammenhangsmaß verstanden, als quantifizierbares Maß also, das als Faktor auf Gesundheit, Bildungsbeteiligung etc. Einfluss ausübt. Dies erweckt den Anschein, dass sich Menschen nach objektiven Gesichtspunkten einer *race* zuordnen lassen (zu einer kritischen Auseinandersetzung mit solchen Statistiken siehe Supik 2014). Die Notwendigkeit einer Reflexion darüber, dass es die biologische Kategorie ‚Rasse' nicht gibt und etwaige statistische Unterschiede zwischen den als *races* identifizierten Gruppen deshalb immer nur vor dem Hintergrund sozialer Faktoren erklärt werden können, kann daher nicht oft genug betont werden. Damit geht es auch um die Frage, inwiefern Wissenschaft in die (Re-)Produktion von *race* und vor allem in die hiermit verbundenen ungleichheits(re-)produzierenden Differenzierungspraktiken wie Rassismus involviert war und ist, welche Rolle der Wissenschaft also in der Produktion von rassifizierenden und ethnisierenden Wissensbeständen jeweils zukommt.

Wie kann vor diesem Hintergrund eine analytische Betrachtung von Rassismus aussehen? Die sozialwissenschaftlichen Definitionsversuche spiegeln vielfältige und zum Teil sogar widersprüchliche Perspektiven wider. Die Antwortversuche auf die Frage, „was eigentlich" Rassismus ist (Rommelspacher 2009), variieren also stark.

Diese Variationen sind zum Beispiel abhängig davon, ob der Rassismusbegriff eher eng oder eher weit gefasst wird, und damit verbunden, welche Formen von Benachteiligung als rassistische Diskriminierung gefasst werden (zur Gegenüberstellung ‚klassischer' Rassismustheorien siehe z. B. Kerner 2009). Aufgrund der vielschichtigen Erscheinungsformen von Rassismus schlug Étienne Balibar einst vor, die Singularform von Rassismus zurückzustellen und stattdessen von „Rassismen" (Balibar 1990b, S. 52) zu sprechen. Dies trägt auch Debatten um Abgrenzungen und Verbindungen von Rassismus mit Diskriminierungsformen wie Antisemitismus, Antiislamismus oder Antiziganismus Rechnung.

2.2 Rassismuskritik – analytische Perspektiven auf Rassismus

Exkurs – Rassismus und Intersektionalität
Damit ist auch die Verwobenheit von rassistischer Diskriminierung mit weiteren Formen der systematischen Benachteiligung angesprochen. Auch bei diesen Formen wie zum Beispiel Sexismus, Ableismus und Klassismus werden bestimmte Wissensbestände produziert, die zur systematischen Schlechterstellung von Personengruppen führen. Auch hier werden soziale Wirklichkeiten konstruiert. Das bedeutet, dass Differenz nicht als eine natürlich gegebene Kategorie verstanden werden kann, sondern gesellschaftlich hergestellt wird (zum Beispiel zwischen „männlich" und „weiblich") und nicht selten mit Diskriminierung verbunden ist. Bei den oben benannten Formen handelt es sich um Diskriminierungen, die durch Differenzkonstruktionen von Geschlecht („gender"), Behinderung („disability") und sozialer Herkunft („class") entstehen. Diese Differenzen, die im Zuge einer gesellschaftlichen Wissensproduktion erst entstehen, wirken sich auf gesellschaftliche Teilhabe und Zugehörigkeit zu Institutionen aus. Sie wirken nicht unabhängig voneinander, sondern überlagern und verschränken sich, wie insbesondere intersektionale Forschungen argumentieren (zum Überblick: Lutz et al. 2013). Der englischsprachige Begriff „Intersection", der sich mit Schnittpunkt oder Kreuzung übersetzen lassen kann, verweist dabei auf die Ausrichtung dieser Studien auf genau diese Überschneidungen. Auch in der analytischen Betrachtung von Rassismus gilt es daher, solche Überlagerungen in den Blick zu nehmen (siehe exemplarisch Riegel 2016; Leiprecht und Lutz 2009).

Kontextualisierungen von Rassismus – postkoloniale Theorie
Ohne an dieser Stelle genauer darauf eingehen zu können, soll hinsichtlich einer Kontextualisierung festgehalten werden, dass Rassismus im Sinne eines globalen Phänomens als anhaltende systematische Diskreditierung von als ‚nicht-weiß' Markierten eng verwoben ist mit der Geschichte von Sklaverei und dem europäischen Projekt des Kolonialismus und analytisch jeweils entsprechend kontextualisiert werden muss. Strittig ist daher nicht zuletzt die Frage, wie Rassismus historisch verortet ist, wie also seine Entstehensbedingungen jeweils aufgefasst werden (vgl. Rommelspacher 2009). So arbeitet Birgit Rommelspacher heraus, dass Rassismus im Zusammenhang mit kolonialen Eroberungen zur „Legitimationslegende" (ebd.) wurde. Diese half im „europäischen Projekt des Kolonialismus" den Kolonisatoren dabei, die Kolonisierten zunächst zu entmenschlichen, um schließlich ihre systematische Ungleichbehandlung, Enteignung und Ausbeutung zu rechtfertigen (vgl. ebd.). Dieses europäische Projekt lässt sich im Übrigen nicht auf die als „Kolonialzeit" bekanntgewordene geschichtliche Episode ab dem 16. Jh. begrenzen, in der europäische Großmächte sich weite Teile der Welt gewaltsam aneigneten. Auch die historisch sehr viel weiter zurückreichende Gegenüberstellung von Orient und Okzident verweist auf abwertende christliche Bilder des ‚Islam'. Insbesondere aus der bekannten Kritik von Edward Said am sogenannten „Orientalismus" (Said 1981) sind zahlreiche Forschungen hervorgegangen, die diese Kritik aufgreifen und zum Beispiel für die Analyse antimuslimischen und antiislamischen Rassismus nutzen (z. B. Biskamp

2015). Damit ist bereits die postkoloniale Theorie angesprochen, die sich machttheoretisch mit den (Nach-)Wirkungen des Kolonialismus auseinandersetzt: dem Postkolonialismus. Gegenstand ist hier die Analyse kolonialer und neokolonialer Wissensproduktion im Kontext gesellschaftlicher Ungleichheitsstrukturen. Die vorigen Anmerkungen zu den Diskussionen um den Rassebegriff in den Grundgesetzen (ehemaliger) Kolonialmächte zeigen beispielsweise, dass mit dem Ende des Kolonialismus nicht automatisch eine grundlegende Veränderung von Machtverhältnissen und Diskursen einhergeht. Postkoloniale Theorie betrachtet globale Machtverhältnisse in ihrer Historizität und fasst somit Phänomene wie Rassismus immer als historisch zu kontextualisieren auf: „Ohne ein Verständnis davon, wie der europäische Kolonialismus globale Machtverhältnisse ökonomisch, politisch und kulturell strukturiert, können Prozesse der Globalisierung nicht angemessen nachvollzogen werden" (Castro Varela und Dhawan 2015, S. 85). Diese kritische, historisch fundierte Perspektive hilft bei der Kontextualisierung von Rassismus und ist daher insbesondere auch für Studien interessant, die empirische Phänomene vor dem Hintergrund ihrer strukturellen Bedingungen betrachten.

Die vielfältigen Zugänge, die in diesem Kapitel beschrieben wurden, können wir im Einzelnen leider nicht weiter entfalten, sondern fokussieren uns im Folgenden auf spezifische Perspektiven. Entsprechend der von uns in diesem Buch verfolgten Spur wollen wir vor allem auf Formen des Rassismus eingehen, die sich auf kulturalisierende Zuschreibungen von Schüler/innen, die als Migrant/innen positioniert werden, beziehen.

2.3 Kulturrassismus als soziale Praxis

Die bisherigen Ausführungen dieses Kapitels zeigen, dass es zu kurz greifen würde, Rassismus jeweils als eingrenzbares Phänomen zu verstehen – zum Beispiel innerhalb nationaler Grenzen oder einer geschichtlichen Episode. Hier soll nun die Schwierigkeit eines analytischen Rassismusbegriffs bearbeitet werden, indem wir Rassismus unter Bezug auf Stuart Hall als eine soziale Praxis verstehen (vgl. Hall 2000, S. 7), die in sehr unterschiedlichen Formen immer wieder reproduziert wird und sich zugleich verändert. Rassismus als soziale Praxis bedeutet, ihn zugleich in seiner ständigen Re-Stabilisierung aufzufassen wie auch strukturelle Verschiebungen und Veränderungen zu berücksichtigen. In diesem Teilkapitel wird Kulturrassismus als eine bestimmte soziale Praxis in den Blick genommen. Dabei soll es nicht darum gehen, diesen von anderen Formen rassistischer Diskriminierung abzugrenzen (solche Abgrenzungen sind auch, wie erwähnt, aufgrund ihrer Überlagerungen schwierig vorzunehmen). Vielmehr

2.3 Kulturrassismus als soziale Praxis

sollen die Facetten und die Komplexität von Rassismus demonstriert und eine Annäherung an einen analytischen Begriff von (Kultur-)Rassismus als soziale Praxis vorgenommen werden. Da es in diesem Zusammenhang ebenfalls nicht möglich ist, auf die vielfältigen Definitionsversuche von „Kultur" einzugehen, soll hier auch ein kritischer Blick auf ein ganz bestimmtes, sehr verbreitetes Kulturverständnis geworfen werden. In diesem häufig als essenzialistisch kritisierten Kulturverständnis wird Kultur nicht als flexibler sozialer Kontext gedacht, der immer wieder neu auszuhandeln ist, sondern als Quasi-Eigenschaft, die Menschen in ihrem Denken und Handeln determiniert (vgl. Hamburger 1994; Radtke 2011). Dieser eindimensionale Kulturbegriff, den man aus einer kritischen Perspektive auch als Kulturalismus bezeichnen kann, weist große Nähen zu Rassismus auf. Kulturalismus und Rassismus lassen sich, wie Wulf D. Hund bemerkt, in ihrer historischen Entwicklung sogar kaum voneinander trennen:

▶ „Von Anfang an kombinierte der Begriff des Rassismus natürliche und kulturelle Faktoren. Hinsichtlich ihres Legitimationszusammenhanges sind erstere als Grundlage letzterer gedacht – die angeblich verschiedene Natur der Rassen wird für ihr unterschiedliches Kulturniveau verantwortlich gemacht. Doch ist der Begründungszusammenhang dieser Argumentation tatsächlich genau umgekehrt aufgebaut – essentialistisch konzipierte kulturelle Differenzen sollen sich tendenziell in körperlichen Merkmalen ausdrücken" (Hund 2007, S. 7).

Wie bereits im vorherigen Teilkapitel angesprochen, wurde der Rassebegriff in Deutschland, so resümiert Thomas Höhne, nach 1945 wissenschaftlich und politisch delegitimiert. Der Kulturbegriff spielt im Prozess dieser Delegitimierung eine entscheidende Rolle. Höhne diagnostiziert hier, dass „[…] sich ein semantischer Wechsel von ‚Rasse' zu ‚Kultur' [zeigt], der die naturalisierende Funktion des Rassebegriffs auf ‚Kultur' übertrug" (Höhne 2001, S. 200). Der Kulturbegriff fülle, so Höhne, auf diese Weise eine Leerstelle, die der Rassebegriff in Deutschland nach 1945 hinterlassen hat.

Dass derartige Diskursverschiebungen hin zur Behauptung kultureller Differenz vor allem, aber nicht nur in Deutschland zu beobachten waren, hat Étienne Balibar in seinem Aufsatz von 1990 mit dem Titel „Gibt es einen Neo-Rassismus?" thematisiert. In Bezug auf angelsächsische Länder setzt er sich mit der Frage auseinander, ob und inwiefern von einem ‚neuen' Rassismus die Rede sein kann, den er im Rückgriff auf Taguieff als „differenzialistischen Rassismus" (Balibar 1990a, S. 28) bzw. als „Rassismus ohne Rassen" bezeichnet. Diesen definiert er als

▶ „[…] Rassismus, dessen vorherrschendes Thema nicht mehr die biologische Vererbung, sondern die Unaufhebbarkeit der kulturellen Differenzen ist; ein[es] Rassismus, der – jedenfalls auf den ersten Blick – nicht mehr die Überlegenheit bestimmter Gruppen oder Völker über andere postuliert, sondern sich darauf ‚beschränkt', die Schädlichkeit jeder Grenzverwischung und die Unvereinbarkeit der Lebensweise und Traditionen zu behaupten" (ebd.).

Mit dieser Bedeutungsverschiebung geht einher, dass Rassismus nicht mehr ausschließlich auf biologisch begründete „Legitimationslegenden" (Rommelspacher 2009) zur Rechtfertigung von Diskriminierung zurückgreift. Zum Beispiel kann abwertendes Sprechen über als Migrant/innen Positionierte auch dann rassistisch diskriminierend sein, wenn ‚ihre' Herkunft und ‚ihr' Lebensstil einer (nicht näher definierten) ‚deutschen Kultur' gegenübergestellt und als unvereinbar entworfen werden. Das Kulturverständnis, das diesem Sprechen zugrunde liegt, ist ein essenzialistisches, also eines, nach dem Kultur als eine feste unveränderliche Einheit entworfen und insofern als kulturalisierend verstanden wird. Damit gehen bestimmte Vorstellungen von Gemeinschaft einher, die sich – so die Fiktion – durch geteilte Normen und Werte auszeichnet, und, noch wichtiger, vom „kulturell Anderen" abgrenzen lässt (vgl. Höhne 2001, S. 205). Dass sich diese Annahmen zum Teil auch in pädagogische Programmatiken einschreiben, haben wir bereits im ersten Kapitel thematisiert. Auch Stuart Hall schließt an diesen weiten Rassismusbegriff an und schreibt hierzu: „Das heißt nicht, dass es keinen Rassismus gibt, sondern daß er nicht auf natürlichen, biologischen Fakten beruht" (Hall 2000, S. 7). Kultur wird in diesem Sinne also nicht als veränderbarer und flexibler Kontext gedacht, sondern gerät zu einer quasi-natürlichen Kategorie, die Menschen in ihrem Denken und Handeln zu determinieren scheint. Auch den Prozess der kulturrassistischen Diskriminierung kann man im Dreischritt der Naturalisierung, Homogenisierung und Hierarchisierung denken (vgl. Rommelspacher 2009), das heißt, kulturelle Unterschiede werden behauptet, als natürliche gedeutet, Menschen unter diesem Merkmal subsumiert, sodass ihre Individualität unsichtbar wird, um schließlich eine Gegenüberstellung von ‚uns' und ‚ihnen' vorzunehmen. Dieser Prozess ist – und darin besteht ein Hauptkriterium von Rassismus im Allgemeinen – mit Macht verknüpft. In diesem Zusammenhang bedeutet das zum Beispiel, dass die Deutungshoheit, wer als kulturell zugehörig gelten kann und wer nicht, Mehrheitsangehörigen vorbehalten bleibt (unabhängig davon, ob ihnen dies bewusst ist oder nicht).

2.3 Kulturrassismus als soziale Praxis

▶ Die Kontextualisierungen und historischen Bezüge insbesondere zu Nationalsozialismus und (Post-)Kolonialismus mögen den Eindruck erwecken, dass sich die Welt in ‚gut' und ‚böse' teilen lässt, in der die als ‚Rassisten' identifizierbaren Personen die rassifizierten und somit symbolisch ausgeschlossenen Menschen, die zum Ziel von Diskriminierung werden (wie Migrant/innen), absichtlich diskriminieren. All diese Kontextualisierungen verweisen jedoch vor allem auf historisch gewachsene und globale Strukturen, die sich lokal unterschiedlich darstellen und (re-)produziert werden. Aus sozialwissenschaftlicher Perspektive gilt es daher vor allem, eine kritische Perspektive auf solche Prozesse und Mechanismen einzunehmen, über die (rassistische) Diskriminierungen entstehen und perpetuiert werden. Rassismus als soziale Praxis stellt sich auf solch komplexe und vielfältige Weise dar, dass Gut-Böse-Schematisierungen für dessen Verständnis wenig weiterführend sind. Schließlich müssen ideologisch aufgeladene politische Programme ebenso differenziert betrachtet werden wie die kolonialen Spuren in unserer Alltagssprache, rechtsextreme Kampagnen oder institutionelle Diskriminierung durch kulturalisierende Annahmen in der Schule.

Rassismus – aktuelle Bestandsaufnahmen
Hinsichtlich der Überlegungen der Rassismusforschung ist jedoch auch festzuhalten, dass im *Ergebnis* ‚weiß' positionierte Mehrheitsangehörige insbesondere aus dem globalen Norden (d. h. der nördlichen Halbkugel der Erde) historisch und bis heute von diesen rassistischen Ungleichheitsstrukturen profitieren und Rassismus insofern zur Sicherung dieser Privilegien beiträgt. Auch wenn Rassismus sowohl als empirisches Phänomen als auch im Sinne eines theoretischen Verständnisses unterschiedlich zu kontextualisieren ist, ist er eng mit Macht und sozialer Ungleichheit verbunden und tief in gesellschaftlichen Strukturen verankert. Rassistische Strukturen werden reproduziert, verändern aber auch ihre Gestalt, wie die Entstehung kulturalisierender Formen von Rassismus zeigt. Diese auf sozialer Ungleichheit basierenden Strukturen erscheinen im Alltag oft selbstverständlich und unhinterfragt. Dies gilt insbesondere für (‚weiße') Mehrheitsangehörige, die zwar in Ungleichheitsverhältnisse involviert sind, selbst aber keine derartigen Diskriminierungserfahrungen machen. Damit verfügen sie über gesellschaftliche Privilegien, die jedoch in gesellschaftlichen Machtverhältnissen oft unsichtbar scheinen. Teil der Re-Stabilisierung dieser Ungleichheitsverhältnisse ist schließlich auch, dass diejenigen, die nicht von diesen Strukturen

profitieren (wie Menschen, die als ‚schwarz' positioniert werden) und ihre Diskriminierungserfahrungen thematisieren, von Mehrheitsangehörigen nicht ernst genommen, ihre Erfahrungen verharmlost werden – auch dies ist Ausdruck ‚weißer' Privilegien.

Die soziale Praxis von Rassismus ist Ergebnis *und* Voraussetzung dieser Verhältnisse, indem sie eine permanente Gegenüberstellung von ‚uns' und den ‚anderen' vornimmt und insofern gemeinschaftsstiftend für Erstere scheint:

▶ „Die ausgeschlossene Gruppe verkörpert das Gegenteil der Tugenden, die die Identitätsgemeinschaft auszeichnet. Das heißt also, weil wir rational sind, müssen sie irrational sein, weil wir kultiviert sind, müssen sie primitiv sein, wir haben gelernt, Triebverzicht zu leisten, sie sind Opfer unendlicher Lust und Begierde, wir sind durch den Geist beherrscht, sie können ihren Körper bewegen, wir denken, sie tanzen usw. Jede Eigenschaft ist das umgekehrte Spiegelbild des anderen. Dieses System der Spaltung der Welt in ihre binären Gegensätze ist das fundamentale Charakteristikum des Rassismus, wo immer man ihn findet" (Hall 2000, S. 14).

Tatsächlich wurden im 19. Jahrhundert biologische Untersuchungen angestellt, welche die Existenz von „Rassen" beweisen sollten. Ähnlich wie auch der vermeintliche Wesensunterschied von Männern und Frauen versucht wurde durch die Vermessung der Skelette und des Gehirns biologistisch zu manifestieren, wurden Schädel vermessen, um die Überlegenheit einer als ‚weißen Rasse' konstruierten Gruppe zu belegen. Auch wenn solche Vermessungen heute nicht mehr vorgenommen werden, haben kulturalisierende Formen von Rassismus die biologischen Formen nicht vollständig abgelöst. Vielmehr bestehen beide noch nebeneinander fort und sind zum Teil in alltägliche Zuschreibungspraktiken eingegangen – mit Blick auf Halls Zitat zum Beispiel dann, wenn exotisierende Zuschreibungen von ‚schwarz' positionierten Menschen vorgenommen werden, indem man ihnen exzellente musikalische und rhythmische Fähigkeiten nachsagt mit der Begründung, ihnen läge das Tanzen ‚im Blut'. Der Blick auf (Kultur-)Rassismus als soziale Praxis verweist also erneut darauf, dass Rassismus gerade nicht mit der Diskreditierung des Rassebegriffs verschwindet. Dies zeigen auch die Bezüge zur Kultursemantik. Mit Ende des Krieges 1945 hat gerade kein Automatismus eingesetzt, der Rassismus spontan abgeschafft hätte – vielmehr haben sich seine Formen beständig verändert. Mit Blick auf Migration kann man also festhalten, dass rassistische Diskurse das Sprechen über als Migrant/innen Positionierte prägen – dies belegen auch aktuelle Beispiele.

Rechtspopulistische Bewegungen wie PEGIDA oder die „Jungen Identitären" greifen heute die Tabuisierungen auf und machen öffentlich, was durch Tabuisierungen lange Zeit nicht Gegenstand einer gesellschaftlichen Debatte war. Hierin kommt zum Ausdruck, welche vielfältigen und vielschichtigen Annahmen und Defizitdiagnosen in kulturrassistischen Zuschreibungen stecken und wie populär diese werden können, wenn sie durch politische Bewegungen angeeignet werden. Neben zahlreichen politischen Ausdrucksformen wie solchen rechtspopulistischen Bewegungen oder rechtsextremistischer Gewalt, in denen Rassismus auf sehr unterschiedliche Weise eine Rolle spielt, hat sich dieser jedoch auch in subtilen Formen in unsere Sprache eingeschrieben. Eine bekannte Bezeichnung für eine Süßigkeit ist zum Beispiel der „Negerkuss", ein anderes der sogenannte „Sarotti-Mohr", das Maskottchen der Süßwarenfirma Sarotti. Die Spuren dieser „Kolonialwaren" (Waren aus den Kolonien, wie Kaffee, Tee, Kakao, Gewürze) machen erneut deutlich, wie wichtig es ist, Rassismus in seinen historischen und globalen Verflechtungen zu betrachten.

Fragen zur Reflexion

- Was bedeutet es, (Kultur-)Rassismus als soziale Praxis und nicht als individuelles Vorurteil zu verstehen? Diskutieren Sie, welche Konsequenzen ein solches Verständnis für pädagogisches Handeln haben könnte.
- Diskutieren Sie: Wenn Formen rassistischer Diskriminierung (und auch andere Formen von Diskriminierung) in institutionelle Strukturen eingeschrieben sind, was bedeutet dies dann für die Veränderungsmöglichkeiten von Schule (z. B. im Hinblick auf Schulentwicklung)?
- Inwiefern könnte man sagen, dass Mehrheitsangehörige privilegiert sind? Denken Sie dabei auch an Ihre eigenen biografischen Erfahrungen: Wie verorten Sie Ihre gesellschaftliche Position? Haben Sie selbst Erfahrungen (rassistischer) Diskriminierung gemacht? Worauf führen Sie Ihre Erfahrungen zurück?

Literatur zur Vertiefung

Kalpaka, A., Räthzel, N., & Weber, K. (Hrsg.). (2017). *Rassismus. Die Schwierigkeit, nicht rassistisch zu sein.* Hamburg: Argument (*Die neue Auflage dieses Bandes, den man vielleicht als „Klassiker" der erziehungswissenschaftlichen Rassismusforschung bezeichnen kann, thematisiert aktuelle Diskurse um und unterschiedliche Formen von Rassismus – auch mit Blick auf die Involviertheit von Pädagog/innen in Ungleichheitsverhältnisse.*

Melter, C., & P. Mecheril (Hrsg.) (2009). *Rassismuskritik: Bd. 1. Rassismus und Rassismusforschung*. Schwalbach: Wochenschau (*In diesem Band werden Studien zu Rassismusforschung vorgestellt und wird auf unterschiedliche Dimensionen von Rassismus eingegangen. Der Fokus liegt dabei insbesondere auf rassismuskritischen Studien im Bildungsbereich*).

Einzelnachweise

Allport, G. W. (1954). *The nature of prejudice*. Reading, Massachusets: Addison-Wesley.
Anthias, F., & Yuval-Davis, N. (1992). *Racialized boundaries. Race, nation, gender, colour and, class and the anti-racist struggle*. London: Routledge.
Balibar, É. (1990a). Gibt es einen Neo-Rassismus? In É. Balibar & I. Wallerstein (Hrsg.), *Rasse, Klasse, Nation. Ambivalente Identitäten* (S. 23–38). Berlin: Argument Classics.
Balibar, É. (1990b). Rassismus und Nationalismus. In É Balibar & I. Wallerstein (Hrsg.), *Rasse, Klasse, Nation. Ambivalente Identitäten* (S. 49–86). Berlin: Argument Classics.
Biskamp, F. (2015). *Orientalismus und demokratische Öffentlichkeit. Antimuslimischer Rassismus aus Sicht postkolonialer und neuerer kritischer Theorie*. Bielefeld: Transcript.
Castro Varela, M. d. M., & Dhawan, N. (2015). *Postkoloniale Theorie. Eine kritische Einführung* (2., komplett überarbeitete und erweiterte Aufl.). Bielefeld: Transcript.
Cremer, H. (2017). Racial Profiling: Eine menschenrechtswidrige Praxis am Beispiel anlassloser Personenkontrollen. In K. Fereidooni & M. El (Hrsg.), *Rassismuskritik und Widerstandsformen* (S. 405–414). Wiesbaden: Springer VS.
Fereidooni, K. (2016). *Diskriminierungs- und Rassismuserfahrungen im Schulwesen: Eine Studie zu Ungleichheitspraktiken im Berufskontext*. Wiesbaden: Springer VS.
Gillborn, D. (2002). *Education and institutional racism*. London: Institute of Education University of London.
Gomolla, M., & Radtke, F.-O. (2009). *Institutionelle Diskriminierung. Die Herstellung ethnischer Differenz in der Schule* (3. Aufl.). Wiesbaden: Springer VS.
Hall, S. (2000). Rassismus als ideologischer Diskurs. In N. Räthzel (Hrsg.), *Theorien über Rassismus* (S. 7–16). Hamburg: Argument.
Hamburger, F. (1994). *Pädagogik der Einwanderungsgesellschaft*. Frankfurt a. M.: Cooperative.
Höhne, T. (2001). Kultur als Differenzierungskategorie. In H. Lutz & N. Wenning (Hrsg.), *Unterschiedlich verschieden. Differenz in der Erziehungswissenschaft (formal überarbeitete Version der Originalveröffentlichung)* (S. 197–214). Opladen: Leske+Budrich.
Hund, W. D. (2007). *Rassismus*. Bielefeld: Transcript.
Hund, W. D. (2017). *Wie die Deutschen weiß wurden. Kleine (Heimat)Geschichte des Rassismus. Mit 10 farbigen Abbildungen*. Stuttgart: J. B. Metzler.
Kerner, I. (2009). *Differenzen und Macht. zur Anatomie von Rassismus und Sexismus*. Frankfurt a. M.: Campus.

Leiprecht, R., & Lutz, H. (2009). Rassismus – Sexismus – Intersektionalität. In C. Melter & P. Mecheril (Hrsg.), *Rassismuskritik: Bd. 1. Rassismus und Rassismusforschung* (Bd. 1, S. 179–198). Schwalbach: Wochenschau.
Lutz, H., Herrera Vivar, M., & Supik, L. (2013). *Fokus Intersektionalität. Bewegungen und Verortungen eines vielschichtigen Konzeptes* (2. überarbeitete Aufl.). Wiesbaden: Springer VS.
Mai, H. (2018). Zur irritierenden Präsenz und positionierten Professionalität von Pädagog*innen of Color. In H. Mai, T. Merl, & M. Mohseni (Hrsg.), *Pädagogik in Differenz-und Ungleichheitsverhältnissen. Aktuelle erziehungswissenschaftliche Perspektiven zur pädagogischen Praxis* (S. 175–192). Wiesbaden: Springer VS.
Mecheril, P. (2004). *Einführung in die Migrationspädagogik*. Weinheim: Beltz.
Messerschmidt, A. (2016). Involviert in Machtverhältnisse. Rassismuskritische Professionalisierungen für die Pädagogik in der Migrationsgesellschaft. In A. Doğmuş, Y. Karakaşoğlu, & Mecheril, P. (Hrsg.), *Pädagogisches Können in der Migrationsgesellschaft* (S. 59–70). Wiesbaden: Springer VS.
Miles, R.(2000). Bedeutungskonstitution und der Begriff des Rassismus. In N. Räthzel, (Hrsg.), *Theorien über Rassismus* (S. 17–33). Hamburg: Argument.
Purkayastha, B. (2005). *Negotiating ethnicity: Second-generation South Asians traverse a transnational world*. New Brunswick: Rutgers University Press.
Radtke, F.-O. (1995). Interkulturelle Erziehung. Über die Gefahren eines pädagogisch halbierten Anti-Rassismus. In *Zeitschrift für Pädagogik, 41* (6) (S. 853–866).
Radtke, F.-O. (2011). *Kulturen sprechen nicht. Die Politik grenzüberschreitender Dialoge*. Hamburg: Hamburger Edition.
Riegel, C. (2016). *Bildung – Intersektionalität – Othering. Pädagogisches Handeln in widersprüchlichen Verhältnissen*. Bielefeld: Transcript.
Rommelspacher, B. (2009). Was ist eigentlich Rassismus? In C. Melter, C., & P. Mecheril (Hrsg.), *Rassismuskritik: Bd. 1. Rassismustheorie und -forschung* (S. 25–38). Schwalbach: Wochenschau.
Said, E. W. (1981). *Orientalismus*. Frankfurt a. M.: Ullstein.
Supik, L. (2014). *Statistik und Rassismus: Das Dilemma der Erfassung von Ethnizität*. Frankfurt a. M.: Campus.
Van Ausdale, D., & Feagin, J. R. (2001). *The first R. How children learn race and racism. Lanham*. Boulder: Rowman & Littlefield Publishers.

Verhandlung von Migration und Zugehörigkeit im schulischen Kontext – eine Fallanalyse

3

Hintergrundinformation
Die folgenden Ausführungen sind das Ergebnis einer objektiv-hermeneutischen Interpretation von Unterrichtstranskripten. Diese Daten wurden im Fach Deutsch erhoben, d. h., die Unterrichtsstunde auf ein Audiogerät aufgezeichnet, transkribiert (i.e. wörtlich abgetippt) und Namen und Orte anonymisiert. Teile des so entstandenen Textes wurden ‚Stück für Stück' – also sequenzanalytisch – interpretiert. Dies ist das übliche Vorgehen anhand der Methode der objektiven Hermeneutik (vgl. Wernet 2000). Bei einer solchen Interpretation geht es weniger darum, was Lehrer/innen oder Schüler/innen mit dem, was sie sagen, meinen, als vielmehr darum, welcher Sinn mit dem Gesagten hervorgebracht wird.

Dabei werden auch die sozialen Regeln des Umgangs deutlich, nach denen die Interaktionspartner/innen (bewusst oder unbewusst) ihr Handeln ausrichten. Dies lässt sich zum Beispiel anhand des wechselseitigen Begrüßens deutlich machen: Wenn Person A Person B begrüßt, dann geschieht dies auf der Grundlage des wechselseitigen Bekanntheitsgrades und des Maßes an Vertrauen, das beide einander entgegenbringen. Sind sie gut befreundet, werden sie sich eher informell mit „hallo" und vielleicht einer Umarmung begrüßen. Sind sie flüchtig bekannt, nicken sie sich womöglich nur zu und geben vielleicht einander die Hand. Beide wissen spontan implizit, wie sie sich begrüßen, oder anders gesagt: Die Regeln des Grüßens sind latent vorhanden. Sie beziehen sich darauf und deuten sie für sich individuell. Wenn etwa eigentlich vertraute Personen bei ihrem vorhergehenden Aufeinandertreffen Streit hatten, kommt es möglicherweise bei einem erneuten Treffen zu einer Irritation.

Im vorliegenden Fall interessiert dabei besonders, welche Annahmen über Migration und Zugehörigkeit sich aus dem Transkript rekonstruieren lassen. Diese Rekonstruktionen haben nicht zum Ziel, die Intentionen und Motive der jeweiligen Personen offenzulegen. Wir wissen also nicht, warum jemand etwas sagt, können aber die verschiedenen Bedeutungen des Gesagten für die jeweiligen Interaktionen nachvollziehen. Wenn wir also beispielsweise rekonstruieren, dass ein Schüler beim Sprechen über Andere potenziell diskriminierende Sprache verwendet, heißt dies vor allem, dass er damit auf gesellschaftlich wirkmächtige Diskurse zurückgreift (z. B. auf abwertende Annahmen über die als „Flüchtlinge" Positionierten). Hiermit werden gesellschaftliche Strukturen reproduziert, die situativ besonders bedeutsam für diejenigen werden können, die – wie im sogleich vorgestellten

© Springer Fachmedien Wiesbaden GmbH, ein Teil von Springer Nature 2020
M. Hummrich und S. Terstegen, *Migration,* Module Erziehungswissenschaft 4,
https://doi.org/10.1007/978-3-658-20548-5_3

Fall – direkt oder indirekt als „Flüchtlinge" adressiert werden. Wir erfahren hingegen nichts darüber, ob der Schüler vielleicht aus persönlicher Überzeugung heraus oder unabsichtlich so und nicht anders spricht. Für die Bedeutung des Gesagten ist die dahinterliegende Absicht auch nicht relevant, da der Inhalt der Worte jenseits des Gemeinten eine Bedeutung hat. Es geht also in diesem Kapitel nicht darum, die Motive von Personen zu verstehen oder gar die Personen selbst zu bewerten, sondern die Bedeutung ihrer Aussagen, die oft sogar unabhängig von den Absichten der Personen ‚funktionieren', für das jeweilige Setting zu erschließen und das pädagogische Handeln nachzuvollziehen.

Indem der Text sequenzanalytisch interpretiert wird, gelingt der Nachvollzug der Bedeutungskonstruktion – also dessen, was das Handeln implizit leitet. Sich auf diese Art und Weise mit Interaktionen zu befassen und zu rekonstruieren (i.e. interpretativ nachzuvollziehen), welche Strukturen die (Re-)Produktion von Sinn leitet, hat zu der Entwicklung verschiedener rekonstruktiver Methoden geführt (vgl. Oevermann 2002).

3.1 „Ich bin der Meinung, dass ich Flüchtlinge nicht bei mir wohnen lassen würde". Zur unterrichtlichen Legitimation der Verwehrung von Zugehörigkeit

Beispiel

Herr Kurz: ich möchte dann einmal, vielleicht eine antithetische oder eine lineare erörterung hörn (5) du hattest eine ganz gute geschrieben. die ich einmal gelesen hatte (Peer: okay, aba) #kann ich die einmal hörn# (auffordernd)

▶ In diesem Transkript richtet ein Lehrer, den wir Herr Kurz genannt haben, eine Arbeitsaufgabe an die Schüler/innen. Zur Transkription ist anzumerken, dass sie nach bestimmten Regeln angefertigt wird. Zum Beispiel werden auch Gesprächspausen (hier: fünf Sekunden in runden Klammern), Einschübe durch andere Sprecher/innen (hier: Peer) und Betonungen, Flüstern etc. gekennzeichnet (hier die Aufforderung in Rauten). Damit soll nicht nur verdeutlicht werden, *was* gesagt wird, sondern auch, *wie* es gesagt wird.

Herr Kurz, der Deutschlehrer, stellt den Schüler/innen frei, ob sie eine lineare oder, wie der Lehrer sie nennt, eine „antithetische" Erörterung vorlesen wollen. Der Lehrer legitimiert nun seine Forderung nach dem Vortragen einer Erörterung nicht, sondern formuliert: „ich möchte hören". Damit geht es um die Erfüllung eines persönlichen Wunsches. Dieser Wunsch wird nicht an jemand Bestimmtes, sondern an die ganze Klasse adressiert. Dies kann zur Folge haben, dass die Schüler/innen sich nur zögernd beteiligen, da ihnen möglicherweise nicht klar ist, was und wer von ihnen gefordert ist. Die Pause von fünf Sekunden bedeutet schließlich, dass das Unterrichtskonzept in die Krise gerät. Krise meint in diesem Zusammenhang aber nicht unbedingt, dass etwas Negatives oder Dramatisches passiert. So verwenden wir den Krisenbegriff im Alltag. (Sozial-)Wissenschaftlich bedeutet der Begriff „Krise", dass nicht direkt ein routinierter Anschluss gefunden werden kann. Das Ergebnis der Krise ist jedoch offen: Es kann zu einer Verstärkung kommen (wenn es zum Beispiel nicht gelingt, den Unterricht weiterzuführen) oder die Krise wird erfolgreich bearbeitet und der Unterricht kann wie gewohnt weitergehen.

Die Krise, die hier entsteht, liegt darin, dass sich offenbar niemand unmittelbar dazu bereiterklärt, eine lineare oder „antithetische" Erörterung vorzulesen. Herr Kurz ruft schließlich Peer auf und versichert ihm, dass seine Erörterung „ganz gut" sei. Auch wenn dies eine vorsichtige Formulierung ist, wird hier doch die schulische Bewertungslogik angewendet. Diese Bewertung wird jedoch vorweggenommen und sichert dem Schüler somit implizit zu, nichts Schlechtes geschrieben zu haben. Damit ist der Moment des Vorlesens für Peer weniger riskant: Das, was folgt, kann nur im Bereich des Guten liegen. Der Lehrer wiederholt seinen Wunsch, dass er die Hausaufgabe hören möchte, in Form einer Frage („kann ich die einmal hören?"). Mit der Zentrierung auf „ich" blendet der Lehrer dabei aus, dass auch andere Mithörende bzw. Mitschüler/innen, anwesend sind. In dieser direktiven Anfrage verbirgt sich die Autorität des Lehrers, die ihn dazu berechtigt, die Schüler/innen zum Vorlesen aufzufordern. Zugleich steht der Wunsch auch für die Erwartung an Peer, durch das Vorlesen seiner Erörterung das Schweigen zu brechen und somit die oben genannte Krise des Unterrichts zu lösen.

Beispiel

Peer: die lineare ja
Herr Kurz: ja
Peer: ja, okay

Peer stellt nun seine Bedingung für das Vorlesen seines Textes. Er signalisiert seine Bereitschaft, die lineare Erörterung vorzulesen, und tritt in eine Verhandlung mit seinem Lehrer. Dass Peer mit „ja, okay" einwilligt und die Inszenierung somit mitträgt, verweist vor dem Hintergrund der Schüler-Lehrer-Beziehung allerdings nur scheinbar auf eine große Handlungsmacht des Schülers.

Vor dem Hintergrund der Machtstrukturiertheit der Lehrer-Schüler-Beziehung kann Peer die Bitte kaum ablehnen bzw. ist es dem Lehrer im Zweifel möglich, eine Ablehnung durch eine schlechte Note o. Ä. zu sanktionieren.

> **Beispiel**
> Peer: aufgrund der aktuellen krisensituation in syrien sind viele menschen aus angst vor dem islamischen staat i es. hinzu kommen viele wirtschaftsflüchtlinge aus afrikanischen staaten, die nach, eu, ropa wollen. derzeit sind zirka sechzich millionen menschen, weltweit auf der flucht. das sind mehr menschen, die flüchten als nach dem zweiten weltkrieg (2) daher stellt sich äh aus moralischen gründen die frage, ob man flüchtlinge, bei sich zu Hause aufnehmen sollte

Peer steigt sofort in den Fließtext ein, er trägt keine Überschrift vor. Der Schüler bettet die Erörterung in aktuelle Debatten ein und erklärt, dass durch die „aktuelle Krisensituation in Syrien" Menschen – hier könnte man ergänzen – „auf der Flucht sind". Als Fluchtursachen führt der Schüler die Angst vor dem sogenannten Islamischen Staat (IS) und ‚Wirtschaftsflucht' aus Afrika an und grenzt somit zwei Fluchtmotive voneinander ab. Während also in Bezug auf Syrien und den IS von verängstigten „Menschen" gesprochen wird, hat Peer für die „afrikanischen Staaten" die Bezeichnung „Wirtschaftsflüchtlinge" gewählt. Mit dem „Wirtschaftsflüchtling" ist ein medial sehr präsenter Begriff angesprochen. Es war zum Beispiel 2015 eines der am häufigsten eingesendeten Worte bei der Wahl zum Unwort des Jahres. Peer beschreibt mit dem Begriff keinen rechtlichen Status, sondern unterstellt, dass die Flucht aus Armut heraus erfolgt ist. Negativ besetzt ist der Begriff deshalb, weil er häufig in Zusammenhang mit dem Vorwurf an Migrant/innen verbunden ist, diese würden reiche Länder gezielt ausbeuten. Peer selbst führt nun nicht aus, was er unter dem Begriff „Wirtschaftsflüchtling" versteht. Der Begriff weckt jedoch Assoziationen, die von den Zuhörenden unterschiedlich interpretiert werden können. Eine gängige Interpretation wäre dabei, dass die Bezeichnung „Wirtschaftsflüchtling" den als solche Bezeichneten unterstellt, ihr(e) Fluchtmotiv(e) würden sich vor allem durch den eigenen Willen, nicht aber durch die Not auszeichnen. Wer aus diesem Grund flüchtet, dem mag es wirtschaftlich schlecht gehen, aber die existenzielle Bedrohung des Lebens scheint weit entfernt und somit auch der Anspruch auf Hilfe – so die Begleitannahme. Die Verwendung dieses Begriffs stellt folglich, so eine Lesart, die Rechtmäßigkeit der Flucht infrage. Die Kriterien, die über die Legitimität der Flucht entscheiden, werden dabei allerdings nicht expliziert. Vorstellbar wäre hingegen auch ein vollkommen anderes Sprechen gewesen, das beispielsweise die existenzielle Bedrohung, der Menschen auf der Flucht ausgesetzt sind, thematisiert. Das hier entworfene Bild konstruiert hingegen zwei homogene ‚Gruppen', die sich ihrer Herkunft und den damit verbundenen Fluchtmotiven voneinander unterscheiden lassen: Die „Ängstlichen" aus Syrien stehen den „Wirtschaftsflüchtlingen" aus „afrikanischen Staaten" gegenüber. Flucht wird somit sehr allgemein und zugleich verkürzt thematisiert, indem die Konzentration auf zwei ‚Gruppen' mit zwei Leitmotiven liegt.

▶ Wenn wir das Wort ‚Gruppen'– in Anführungszeichen setzen, ist intendiert, zu verdeutlichen, dass es sich dabei um Konstruktionen handelt. Das heißt, es geht nicht um eine tatsächliche Gruppe, die gemeinsam geflohen ist. Vielmehr ist von größtenteils unterschiedlichen Motiven, Orten und Zeitpunkten der Flucht von einander fremden Menschen auszugehen. Die implizite Gegenüberstellung zweier ‚Gruppen' legt daher bestimmte Vorstellungen und Konstruktionen von Geflüchteten nahe, nach der es sich um eine Gemeinschaft mit ähnlichen Vorstellungen und Motiven handelt.

Die Verknüpfung von „Wirtschaftsflucht" mit „afrikanischen Staaten" eröffnet dabei eine Lesart, nach der diese Staaten implizit gewissermaßen als Epizentrum von Armut, als Ausgangspunkt weltweiter „Wirtschaftsflucht" gelten. Während hier eine Unterscheidung zwischen Motiven und Herkunft vorgenommen wurde, scheint das Ziel „Europa" diffuser. Denn den „Wirtschaftsflüchtlingen" wird zugeschrieben, nach Europa zu „wollen". Deutlich wird in der Wendung „die nach Europa wollen", dass nicht die Not, sondern der eigene Wille im Vordergrund steht. Auch wenn dieser erste Teil des Aufsatzes also auf den ersten Blick wie eine beschreibende Einführung erscheint, deutet sich an, dass die Legitimität von Flucht in Zweifel gezogen und die Bedrohlichkeitsperspektive umgekehrt wird: Es ist weniger die Existenzkrise der „Flüchtlinge", die das Verlassen der Herkunftsstaaten verursacht, als vielmehr der Wille, an Europa zu partizipieren, der dort eine Krise auslöst.

Diese Krise wird durch die Benennung einer sehr großen Zahl unterstrichen: 60 Mio. ist eine konkret nur sehr schwer zu fassende Zahl, die jedoch medial im Zusammenhang mit den fluchtbedingten Migrationsbewegungen 2015/2016 immer wieder auftaucht. Vergleicht man die Zahl 60 Mio. mit der Einwohnerzahl europäischer Staaten, so ließe sich diese Größenordnung auf die bevölkerungsreichsten europäischen Länder beziehen (Frankreich oder Großbritannien, bzw. drei Viertel aller Einwohner Deutschlands). Die Nennung von 60 Mio. deutet auf eine dramatisierende Zuspitzung hin, die zweifach verstärkt wird: zum einen, indem auf die räumliche Ausdehnung der Fluchtbewegungen („weltweit") hingewiesen wird; zum anderen, indem ein weiteres – explizites – Vergleichsverhältnis angesprochen wird: „Das sind mehr Menschen, die flüchten, als nach dem Zweiten Weltkrieg". Dieser Vergleich weckt Assoziationen mit den desaströsen Zuständen in Europa nach Kriegsende 1945.

Der Vortrag des Schülers suggeriert ein Szenario, in dem 60 Mio. Menschen aus der ganzen Welt nur ein Ziel haben: es bis nach Europa zu schaffen. Damit wird Flucht in einen Zusammenhang mit einem Elendsdiskurs gebracht, durch die der Wohlstand der europäischen Gesellschaften systematisch bedroht scheint. In dieser Dramatisierungsperspektive gerät aus dem Blick, dass ein Großteil der weltweiten Fluchtbewegungen, also „86% zwischen und innerhalb von Ländern des globalen Südens" (Messerschmidt 2016, S. 161) und somit nur ein Bruchteil der weltweiten Fluchtbewegungen nach Europa stattfindet. Flucht wird also hier in einer Problemperspektive angedeutet, die weniger die Ausgangsbedingungen und Ursachen im Blick hat als vielmehr die Folgen für Europa und das Leben der Europäer/innen.

Nach einem kurzen Abbruch stellt Peer nun die Frage seiner linearen Erörterung: „daher stellt sich äh aus moralischen Gründen die Frage, ob man Flüchtlinge bei sich zu Hause aufnehmen sollte". Diese Fokussierung, die Peer vornimmt, erfolgt schrittweise: Während zuvor die weltweiten Ereignisse globaler Flucht von einer Perspektive beobachtet wurden, in der Peer als in Europa verorteter Beobachter auftritt, geht es im Anschluss um die Konsequenzen für Europa und zuletzt um das ganz persönliche Erleben im „Zuhause". Diese Sequenz lässt sich daher sowohl in Bezug auf die Frage nach der eigenen Verortung als auch nach der Verortung der „Flüchtlinge" als den ‚Anderen' interpretieren: In Europa werden die Privilegierten lokalisiert, die zwar mit der Not der „Flüchtlinge" konfrontiert sind, sich selbst aber nicht mit Flucht auseinandersetzen müssen. Die „Flüchtlinge" wiederum werden zum Beispiel nicht als neue Europäer/innen in einem vielfältigen Europa konstruiert, sondern als die ‚Anderen', die das Gegenbild der Europäer darstellen (ausführlicher in Abschn. 4.3.1). Dabei wird die Kategorie der Moral („aus moralischen Gründen") bemüht. Dieser schillernde Begriff verweist auf die Auseinandersetzung mit Regeln des Zusammenlebens und nimmt den universalistischen Geltungsanspruch für das eigene Handeln in den Blick. Flucht wird hier als „moralisches" Thema identifiziert. Etwas „aus moralischen Gründen" zu machen, stellt dabei die Frage nach dem ‚richtigen' Handeln. Die Frage nach dem moralisch Richtigen stellt im Allgemeinen die eigenen Bedenken und Bedürfnisse zunächst zurück.

Die Benennung von „zu Hause" erinnert an das Einquartieren infolge größter Wohnungsnot nach dem Zweiten Weltkrieg. Der Text des Schülers knüpft aber nicht daran an, indem er sich auf die wohlfahrtsstaatliche, gesamtgesellschaftliche Verantwortung bezieht, sondern beschränkt die Frage auf das Teilen höchstpersönlicher Güter („ob man Flüchtlinge bei sich zu Hause aufnehmen soll"). Im Zentrum steht dabei das Recht auf die eigene Privatsphäre, das durch die Anfrage der Aufnahme von „Flüchtlingen" gefährdet scheint. „Bei sich zu Hause" verweist auf das Empfinden davon, dass die Ankommenden als Personen erlebt werden, die das Innerste (die Privatsphäre) mit Teilhabeforderungen konfrontieren. Die faktische körperliche Anwesenheit der „Flüchtlinge" führt somit dazu, dass „man" sich mit diesen Forderungen auseinandersetzen muss. Die Möglichkeit der Zuflucht ist vom Urteil der Mehrheitsgesellschaft abhängig, das „aus moralischen Gründen" gefällt werden soll. Diese ‚Aufnehmenden' werden somit in ein hierarchisches Verhältnis zu den „Flüchtlingen" gerückt, in dem sie sich in der Position der Entscheidenden über das Schicksal der Anderen befinden. Während der Kriegsschauplatz Syrien weit entfernt scheint, sind es die Menschen auf der Flucht nun nicht mehr. Peers distanziertes Sprechen über abstrakte Zahlengrößen („sechzich Millionen") muss in dem Moment aufgegeben werden, in dem – und dies wird hier illustriert – die Menschen vor der eigenen Haustür stehen und aufgenommen werden wollen. Peer nimmt dieses Bild zum Anlass, um nach moralischen Gründen zu fragen, und legt damit offen, dass diese moralischen Gründe nicht eindeutig benannt werden können, sondern einer Erörterung bedürfen.

Beispiel

Peer: ich bin der auffassung, dass ich flüchtlinge nicht bei mir zu Hause aufnehmen würde, hhh* weil ich diese menschen nicht kenne und sie schäh und sie schlecht einschätzen kann. ich weiß nicht ob zum beispiel die flüchtlinge, hhh eine kriminelle vergangenheit haben oder terroristische interessen vorhanden sind. hhh angenommen ich würde jetzt flüchtlinge bei mir aufneh#men# (betont), hätte- hätten sie freien zugang zu allen räumlichkeiten, das heißt sie hätten (2) (schluckt) freien zugang zu allen wertsachen. hhh außerdem weiß ich nicht ob die flüchtlinge, hhh an anstecken krankheiten leiden. unter anderem müssen flüchtlinge täglich versorgt werden wofür ich persönlich aufkommen muss, die aufnahme von flüchtlingen hhh in meiner wohnung schrägstrich haus hhh hätte- hätten erhebliche einschränkungen in meiner privatsphäre zur folge, hhh fazit aufgrund der oben genannten gründe hhh bin ich, #bin ich dagegen# (schnell) von aufnahmen von flüchtlingen, bei mir zu Hause

* Mit „hhh" sind Geräusche des Einatmens im Transkript markiert.

Von globalen Fluchtbewegungen über die Konsequenzen für Europa und die Europäer/innen ist Peer nun zur persönlichen Ebene gelangt: „ich bin der Auffassung" leitet zu einer Selbstpositionierung über, die eine eindeutige Antwort auf die aufgeworfene Frage findet: Peer wendet sich gegen die Aufnahme von „Flüchtlingen" bei sich zu Hause. Dies setzt die Logik der starken Differenzierung in Eigenes und Fremdes fort. Während „moralische Gründe" anfangs noch vermuten lassen konnten, dass ein Bezug zu allgemeingültigen Prinzipien und Werten stattfindet, Peer also von der eigenen Situation abstrahiert, rücken das „Ich" und dessen Privatsphäre nun ins Zentrum. Damit wird ein Gegensatz zwischen dem öffentlichen Leben und dem Privaten aufgebaut, der den „moralischen Gründen" eine unterschiedlich große Wertigkeit zumisst. Erläutert wird daher nicht (wie angekündigt), was „man" machen sollte, sondern welche persönlichen Gründe gegen eine Aufnahme sprechen.

Diese Gründe werden nun in Form einer Aneinanderreihung von Mutmaßungen über die Motive der Migration aufgezählt. „kriminelle Vergangenheit" und „terroristische Interessen" verweisen dabei auf unterschwellige Gefahren, die zunächst nicht unmittelbar evident sind: Die Vergangenheit wirkt bis in die Gegenwart nach, aus Interessen können sich konkrete Taten ergeben. Hiermit wird ein weiteres Bedrohungsszenario aufgemacht, das Flucht in eine Einheit mit der Möglichkeit von Kriminalität und Terrorismus stellt. Der Rechtmäßigkeit der Fluchtbewegung wird ihr Boden entzogen, denn nicht die Not und die daraus resultierende Unausweichlichkeit einer Flucht, sondern die Übertragung von Krankheiten oder geplante Straftaten werden angeführt. Dies wird mit einem Beispiel untermauert, das eine Gefahr im freien Zugang zu allen Räumlichkeiten und somit Wertsachen thematisiert, falls „die Flüchtlinge" tatsächlich „in meiner Wohnung Schrägstrich Haus" wohnen würden.

Die artikulierten Bedenken, dass „Flüchtlinge täglich versorgt werden" müssen, verweist abermals auf ein hierarchisches Verhältnis, in dem Geflüchtete nicht dazu in der Lage sind, für sich selbst zu sorgen und alleine nicht lebensfähig scheinen. Schließlich werden zwei weitere Gründe formuliert: Peer weiß nicht, ob die „Flüchtlinge [...] an ansteckenden Krankheiten leiden", und er müsste alle Sachen mit ihnen teilen, sodass er erhebliche (materielle) Einschränkungen zu befürchten hätte. Die Geflüchteten erscheinen schließlich selbst als existenzielle Bedrohung für Privatsphäre, Wohlstand und Gesundheit.

> ▶ Während sich Peers Worte anfangs als die Beschreibung von Informationen lesen lassen, macht die genauere Interpretation vor allem eines deutlich: Die Dramatik liegt nicht in der Situation der Menschen auf der Flucht, sondern in der Sorge um den Verlust eigener Privilegien.

Wenn wir hier von dem Verlust von Privilegien sprechen, geht es nicht darum, Peers Motive oder Gefühle zu analysieren. Erziehungswissenschaftlich interessant ist vielmehr die Bedeutung, die sich in diesem Zusammenhang rekonstruieren lässt. Ob der Schüler sich seine Meinung dazu selbst gebildet hat, ob er eine Alltagsdiskussion zitiert, die er aufgeschnappt hat, ob er darauf spekuliert, eine gute Note zu bekommen usw., sind Fragen, die interpretativ nicht beantwortet werden können, weil der Schüler selbst dies nicht in Worte fasst. Wir müssen uns in interpretierend auf die Bedeutung beschränken, die der von Peer produzierte Text in der Interaktion entfaltet und darauf, wie dieser in die Struktur des Unterrichts hineinwirkt. Dabei wird deutlich, dass Peer sich weniger auf die Ursachen von Flucht bezieht als vielmehr auf die Probleme, die im Zusammenhang mit den Fluchtbewegungen konstruiert werden. Die „Tragödie" spielt sich in dieser Lesart von Flucht nicht in Syrien oder „afrikanischen Staaten" ab, sondern dort, wo die Menschen scheinbar massenweise ankommen: in Europa und im eigenen Zuhause der Europäer/innen.

Peer spricht ein gesellschaftlich heikles Thema an, das immer wieder für Kontroversen sorgt. Gerade die Tatsache, dass Geflüchtete medial oft einseitig entweder als Opfer oder als (potenzielle) Täter dargestellt werden, verweist auf die Komplexität des Themas. Peer reduziert diese nun, indem er dessen gesellschaftliche Relevanz zwar in Ansätzen bearbeitet, aber vor allem dessen Bedeutung für seine eigene Privatsphäre beleuchtet. Damit knüpft er an einer Reihe medial präsenter Wissensbestände über die ‚Anderen' einerseits (Kriminalität, Flucht aus berechnender Absicht etc.) und die Thematisierung von Unsicherheiten und Emotionen (vor allem Ängsten) andererseits an (mehr hierzu in Abschn. 4.1).

Wie könnte der Lehrer nun hierauf antworten? Zunächst ist eine ganze Reihe an Anschlussmöglichkeiten denkbar: Er könnte Unsicherheiten thematisieren und die Gründe diskutieren oder versuchen, die Diskussion stärker auf eine Sachebene zurückführen, indem er die Überzeugungskraft der Argumente anspricht und auf die Kriterien einer linearen Erörterung verweist. Auch könnte er überprüfen, inwiefern die Bearbeitung der Erörterung der entwickelten Frage aus der vorigen Stunde betrifft, oder die moralische Argumentation aufgreifen. Dies könnte auch unter Einbezug der anderen Schüler/innen erfolgen.

Beispiel

Herr Kurz: ja, dangeschön (5 s Pause) ja, fand ich sehr gut, das heißt einleitung- (3 s) (mehrere Schüler/innen klatschen) einleitung war, all-

> gemeiner teil war dabei aktuelle situation hast sogar n paar zahlen aufgegriffen, ähm, äh, das das kommt immer sehr gut n sehr ausführlicher einleitungsteil das heißt jeder- (2 s) jeder (2 s) jeder war das (3 s) jeder war dann mit der themat- war in der thematik dann praktisch drin. hhh* ähm (Peer: ja) das heißt jeder wusste worum es geht

*Geräusch des Einatmens.

Herr Kurz bedankt sich nun bei Peer, der die Krise des Unterrichts scheinbar gelöst hat, indem er seinen Beitrag vorgelesen hat. Die fünfsekündige Pause räumt diesem Dank einen hohen Stellenwert ein, doch zeigt sich in ihr auch erneut eine Krise des Anschlusses. Diese wird jedoch durch Herrn Kurz selbst bearbeitet, indem er den Text einer schulischen Bewertungslogik unterzieht („fand ich sehr gut"). Der Lehrer schließt also nicht an, indem er die Fragestellung analysiert oder deren Zuspitzung durch Peer resümierend betrachtet. Vielmehr erkennt er mit seiner Bewertung die vorgelesene Erörterung als gelungene Erfüllung der Aufgabe an. Das Klatschen der Schüler/innen tritt nach der ersten Bewertung des Lehrers und einer anschließenden 3-sekündigen Pause ein. Dabei könnte es sich um ein schulisches Ritual handeln: Es wird geklatscht, wenn jemand etwas vorgelesen hat, wenn eine Leistung vom Lehrer positiv bewertet wurde usw. Es kann auch auf Zustimmung zum Gesagten verweisen – dies bleibt letztlich offen. Für die Wirkung dieser Reaktion ist das auch nicht relevant, da das Klatschen zunächst einmal allgemein für Zustimmung steht und wir zugleich keine Hinweise auf artikulierten Widerspruch oder Fragen von Schüler/innen beobachtet haben. Auffällig ist allerdings, dass das Klatschen nicht unmittelbar nach Peers Worten erfolgt, sondern erst, nachdem der Lehrer dessen Beitrag als „sehr gut" eingestuft hat. Dies zeigt, dass das zustimmende Klatschen nicht ungebrochen (z. B. in einem tosenden Applaus), sondern eher in einer vorsichtigen Form stattfindet, die möglicherweise vom Urteil des Lehrers abhängt. Deutlich werden hier also vor allem Machtverhältnisse.

Die Beurteilungsbegründung des Lehrers bezieht sich vor allem auf formale Kriterien, die Peer erfüllt hat: Er hat eine Einleitung geschrieben und zur Thematik hingeführt; auch Zahlen waren dabei. „Jeder wusste, worum es geht" ist ein Lob, das zu dieser formalistischen Bezugslogik passend scheint. Durch die Verwendung von „jeder" spricht Herr Kurz auch stellvertretend für die anderen Schüler/innen, ohne im Vorfeld ihre Bewertung einzuholen. Dass jeder „in der Thematik drin" war, verweist über die formale Logik hinausgehend darauf, dass

3.1 „Ich bin der Meinung, dass ich Flüchtlinge ...

der Inhalt als gut nachvollziehbar eingestuft wird. Peer wird damit attestiert, die Zuhörer/innen in angemessener Weise durch den Text geführt zu haben. Indem der Lehrer also lobt, dass jeder weiß, „worum es geht", bestätigt er die Aussagen seines Schülers implizit und nimmt das Urteil der anderen Schüler/innen vorweg. Wer nun allerdings nicht genau weiß, „worum es geht", und möglicherweise noch eine Frage hat, müsste sich gewissermaßen als unwissend ‚outen'. Auf diese Weise stehen die Aussagen von Peer nicht nur als unhinterfragt im Raum, sondern werden durch die Bestätigung des Lehrers als das ‚Richtige' bzw. schulisch Anerkannte etabliert. Rückfragen oder Einsprüche erscheinen vor diesem Hintergrund möglicherweise als riskant, da die Reaktionen des Lehrers und der Mitschüler/innen (denen in der Situation ja implizite Zustimmung unterstellt wird) abgeschätzt werden müssen.

> In der Rekonstruktion der Erörterung kommt ein bestimmtes Verständnis von Fluchtmigration zum Ausdruck. Ob die Flucht als legitim gelten kann, hängt in dieser Deutung vor allem von der Herkunft ab, die wiederum mit bestimmten Fluchtmotiven verknüpft wird. Die Anzahl der Menschen auf der Flucht ist in dieser Logik so überwältigend, dass sich daraus die persönlich relevante Frage ergibt, ob man „Flüchtlinge" auch zu Hause aufnimmt. Die negative Beantwortung dieser Frage ergibt sich vor allem aus der umfassenden Bedrohung der Privatsphäre (man kann bestohlen, mit Krankheiten angesteckt, Opfer eines terroristischen Anschlags werden). Die möglichen Reaktionen der anderen Schüler/innen werden dabei durch die positive Bewertung des Aufsatzes von Herrn Kurz vorstrukturiert. Dabei können wir die Intentionen des Handelns von Herrn Kurz ebenso wenig verstehen wie die des Schülers und seiner Mitschüler/innen, die hier nicht zur Sprache kommen. Wenn wir jedoch die Bedeutung der Aussagen rekonstruieren (noch einmal: Diese ist unabhängig von der Absicht), zeigt sich, dass Herr Kurz eine Bestätigung von Peers Thesen vornimmt, obwohl er sich selbst nicht inhaltlich äußert. Selbst wenn wir also spekulieren würden, dass der Lehrer möglichst ‚neutral' bleiben will und deshalb nur formal und nicht inhaltlich argumentiert, wird deutlich, dass dies zum Scheitern verurteilt ist. Es ist nicht möglich, sich nicht zu positionieren, da Inhalt und Form nicht voneinander zu trennen sind. Dies wird auch im Anschluss deutlich:

> **Beispiel**
> Herr Kurz: und dann hast du deine argumente auch sehr sinnvoll #aufgebaut# (in Tonlage höher werdend) sehr sinnvoll ähm argumentiert, und ähm aus dem fazit wird das dann ja auch, hhh ((betontes Ausatmen)) wird es deutlich und is ja auch recht schlüssich.wie du das dann begründet hast. ja, das wäre eine lineare, hhh #erörderung# (im Tonfall höher werdend), hhh fazit kann man natürlich äh vielleicht noch um einen satz vielleicht noch ergänzen hhh ((betontes Ausatmen)) der dann vorher vielleicht nicht auftaucht, ähm (2) aber ansonsten ist das so oke (2) wirklich gut gemacht (3)

Die Argumente „sinnvoll aufgebaut" zu haben, lobt vordergründig formal, das Lob, „sehr sinnvoll (…) argumentiert" zu haben, verweist wiederum auf die Verknüpfung von Form und Inhalt, die bereits angesprochen wurde: Herr Kurz beschreibt die Verknüpfung dieser Argumente als „sinnvoll" und „recht schlüssich", womit auch ihr Inhalt als legitim anerkannt ist. Trotz des kleineren Kritikpunktes („Fazit kann man (…) vielleicht noch um einen Satz (…) ergänzen") habe Peer es „wirklich gut gemacht". Hier wiederholt Herr Kurz die von ihm vorausgeschickte Bewertung zu Anfang und bilanziert Peers Beitrag insgesamt als ausgesprochen positiv.

> Unter der Perspektive einer schulischen Auseinandersetzung mit **migrationsgesellschaftlichen Verhältnissen** zeigt dieses Beispiel eine spezifische Perspektive auf Fluchtmigration. Im Vordergrund steht dabei die Interaktion zwischen Herrn Kurz und Peer. Der Lehrer und der Schüler bestätigen sich wechselseitig darin, dass die Legitimität, sein Herkunftsland zu verlassen, latent infrage gestellt wird – ebenso wie die massenhafte Bewegung nach Europa einem Bedrohungsszenario gleicht, durch das die Existenz der Europäer/innen bedroht scheint. Es wird eine dominanzkulturelle (vgl. Rommelspacher 1995) Perspektive eröffnet, die Geflüchtete zu Außenseitern und Bittstellern macht, deren Andersheit zur potenziellen Bedrohung wird. Schlussendlich geht es mit der Wahrung des Eigenen um die Wahrung partikularer (i.e. persönlicher) Interessen und nicht, wie sich anfangs andeutet, um eine gesamtgesellschaftliche, „moralische" und damit reflexive Perspektive auf das soziale Wohl aller. Als Professionalisierungsproblem erweist sich dieser Fall wiederum für den Lehrer, weil mit Flucht ein gesellschaftlich brisantes, polarisierendes Thema angesprochen ist, zu

dem der Schüler sich deutlich positioniert. Der Lehrer steht somit vor dem Problem, die Erörterung bewerten und hierfür transparente Maßstäbe kommunizieren zu müssen. Statt einer klassenöffentlichen Diskussion über die Tragfähigkeit der Argumente oder einer inhaltlichen Kommentierung in Form von Lob oder Kritik entscheidet er sich für eine rein formale Kommentierung. Doch gerade in dieser Zurückhaltung liegt, so zeigt sich, paradoxerweise eine implizite Bestätigung der Argumente in der Erörterung, die wiederum an rassistisch diskriminierende Wissensbestände anknüpfen (dies wird in Abschn. 4.1 näher ausgeführt). Indem der Lehrer Peers Erörterung lobt, bestätigt er somit auch die darin enthaltenen Aussagen, die Menschen auf der Flucht anhand von Annahmen über ihre kulturelle und religiöse Andersheit diskriminieren.

3.2 „Ein Hoch auf die internationale Solidarität" – über die doppelte Zurückweisung einer Schülerinnenleistung

Welchen Verlauf nimmt die Unterrichtsstunde nun? Es meldet sich eine weitere Schülerin. In einem Beobachtungsprotokoll, das wir während des Unterrichts angefertigt haben, wird darauf verwiesen, dass sie ihre Meldung durch auffälliges Winken und Schnipsen ziemlich dringend macht. Doch wird ihr Wunsch, ebenfalls vorzulesen, zunächst zurückgestellt, während sich auch ein paar andere Schüler/innen melden, die Fragen zu ihren Erörterungsthemen haben oder Teile daraus vorlesen. Diese Schülerin, die wir Pelin genannt haben, meldet sich durchgängig. Wir springen nun zur folgenden Szene, in der Herr Kurz Pelin (alle anderen Meldungen sind zu diesem Zeitpunkt ‚abgearbeitet') schließlich aufruft:

Beispiel
Herr Kurz: so weitere (9) gut, dann (2) #ja# (auffordernd) (4)

„so weitere" zeigt, dass noch weitere Erörterungen folgen sollen. Bezieht man ein, dass Pelin sich vorher deutlich bemerkbar gemacht hat, so ist dieser sehr allgemeine Aufruf erklärungsbedürftig. Er lässt sich nicht anders denn als Verkennen der Dringlichkeit, die Pelin signalisiert hat, interpretieren. Dies zeigt sich auch darin, dass Herr Kurz neun Sekunden wartet, bevor er Pelin aufruft. Dieses Aufrufen liest sich mit dem „gut, dann" als Zugeständnis und ist recht knapp formuliert. „Dann" ist dabei zu verstehen als Folge einer Bedingung. Herr Kurz kann offenbar niemand anderen mehr aufrufen, also kommt Pelin an die Reihe (hierzu ausführlicher siehe Abschn. 4.2.2).

> **Beispiel**
> Pelin: (lachen). ähm. gewalt und krieg würdest du nicht ((auch fliehen))

Pelin beginnt mit einem Lachen, was unterschiedliche Bedeutungen haben kann; so steht Lachen für den Ausdruck von Freude, von Unsicherheit oder aber auch für eine ironische Distanzierung von der Situation. Mit dem „ähm" räumt sich Pelin einen kurzen Moment des Überlegens ein, das auch als Zäsur gelesen werden kann: Nun folgt ein neuer Abschnitt. Pelin liest ihre Überschrift vor, die als rhetorische Frage formuliert ist („gewalt und krieg würdest du nicht ((auch fliehen))". Mit „Krieg" und „Gewalt" werden sehr negative Schlüsselbegriffe aufgerufen, die an den Fluchtursachen ansetzen. Im Vordergrund der Erörterung steht somit die existenzielle Bedrohung für Leib und Leben infolge einer massiven Krise im Herkunftsland, die keinen anderen rationalen Schluss zulässt, als zu fliehen. Die Adressierung eines imaginären Gegenübers mit „du" fordert zu einer Perspektivübernahme auf. Die Zuhörer/innen werden somit aufgefordert, sich in die Perspektive derjenigen zu versetzen, die auf der Flucht sind. Mit dem „auch" wird die ‚richtige' Entscheidung bereits vorgegeben: Wer von Gewalt und Krieg bedroht ist, wird sich selbst schützen und fliehen. Die Entscheidung zu bleiben wäre vor diesem Hintergrund irrational und begründungspflichtig.

> **Beispiel**
> Pelin: ich behaupte dass flüchtlinge die wirklich hilfe brauchen aufgenommen werden sollten, weil es menschen sind die vorm krieg geflüchtet sind,

Mit der Formulierung „ich behaupte" kennzeichnet die Schülerin das Gesagte als ihre eigene Position. Jedoch lässt sich – ähnlich wie bei Peer – auch bei ihren Worten keine ‚eigentliche' Motivation festmachen. Gerade vor dem Hintergrund, dass hier ein Aufsatz vorgetragen wird, der einer schulischen Bewertungslogik unterzogen wird, können ihre Worte ebenso eine eigene Herzensangelegenheit wie Ausdruck des Versuchs sein, eine gute Note zu erhalten usw. Wichtig ist daher auch hier ausschließlich, in welchem Zusammenhang ihre Worte stehen und welche Bedeutung sich mit ihnen in die Situation einschreibt. Im Gegensatz zu Peers Erörterung, bei der die eigene Perspektive zunächst zurückgenommen ist, findet sich hier also gleich zu Beginn eine eigene Verortung. Pelin steigt alsdann direkt mit etwas ein, das sie Behauptung nennt. Eine Behauptung kann belegt oder widerlegt werden. Sie gilt als überprüfbar (man denke etwa an den Beweis in der Mathematik, der wahre von unwahren Behauptungen unterscheidet). Indem Pelin also vorausschickt, dass es sich um eine Behauptung handelt, verbindet sich mit ihrer Aussage sowohl der Anspruch einer Allgemeingültigkeit als auch das Eingeständnis, dass die Behauptung auch falsch sein könnte.

Sätze wie ‚ich behaupte, dass die meisten Menschen, die ein Kriegsgebiet besuchen, ihre Meinung zu Flucht ändern', würden an diese Idee einer Behauptung anknüpfen. Man könnte schließlich empirisch (d. h. durch die Heranziehung/Durchführung wissenschaftlicher Studien) untersuchen, ob die Behauptung bestätigt werden kann. Interessant ist nun, dass Pelin dies gerade nicht macht, sondern vielmehr moralisch argumentiert: „Flüchtlinge", schreibt sie, „die wirklich Hilfe brauchen", sollten aufgenommen werden.

Damit schränkt sie implizit den Kreis der Hilfeberechtigten ein. Wenn es „Flüchtlinge" gibt, die „wirklich" Hilfe brauchen, gibt es in dieser Logik auch diejenigen, die keine Hilfe benötigen. Es geht daher an dieser Stelle nicht um alle „Flüchtlinge", sondern nur um solche, deren Anspruch authentisch („wirklich") ist. Während Flucht infolge von „Gewalt und Krieg" legitim erscheint, bleibt offen, wessen Not im Gegensatz dazu nicht groß genug ist. Es geht also um die Frage, wer „wirklich" als hilfebedürftig eingeschätzt wird und wer nicht. Obwohl Pelins Erörterung – dies deutet sich bereits an – zu völlig anderen Schlüssen kommt als die von Peer, ist hier eine interessante Parallele auszumachen. Diese besteht in der (mehr oder weniger offenen) Unterteilung von als legitim eingestufter und als illegitim bewerteter Flucht. Auch wenn Letztere nicht unmittelbar über „Wirtschaftsflüchtlinge" oder ähnliche Begriffe markiert werden, greift also auch Pelin implizit auf wirkmächtige Diskurse zurück, in denen die Rechtmäßigkeit von Flucht infrage gestellt wird. Trotz dieser Parallele wird deutlich, dass es in dieser Erörterung ein klar formuliertes Recht auf Flucht unter bestimmten Bedingungen (Gewalt, Krieg) gibt. Dies markiert einen deutlichen Unterschied zum ersten Aufsatz, der hier behandelt wurde.

Dass Pelin ihre Behauptung sogleich begründet, macht deutlich, dass diese Behauptung nicht ohne Begründung stehenbleiben kann. Sie lautet: „…weil es Menschen sind, die vorm Krieg geflüchtet sind". Hier bemüht die Schülerin universalistisch geltende Prinzipien, aus denen sich ableiten lässt: Menschen sollen nicht unter Krieg leiden, und wer fliehen muss, dem ist Unrecht widerfahren. „Weil es Menschen sind, die vorm Krieg geflüchtet sind", bezieht sich somit auf den Geltungsanspruch des Humanitären. Was mit Krieg verbunden ist, wird dabei nicht weiter erklärt. Der Krieg dient somit als Negativfolie, mit der die Humanität verletzt wird; die Nennung des Krieges in seinem starken Symbolcharakter wird hier als Argument eingesetzt, das die Flucht legitimiert.

> **Beispiel**
> Pelin: hhh (einatmend) stell dir vor du würdest im bombenha- im bombenhagel leben, du hast familienangehörige verloren und deine eigenen kinder wurd- würden sehen wie menschen ermordet und gefoltert werden. hhh sie haben sehr viel durchgemacht und besonders die kinder sind traumatisiert und haben psychische probleme bekommen

Nach einem kurzen Einatmen wechselt Pelin wieder in die direkte Anrede und leitet ein konkretes Szenario ein: „Stell dir vor". Die Zuhörenden werden direkt in eine Situation versetzt und ihnen wird angeboten, sich eine involvierte Perspektive vorzustellen. Diese Beteiligten des Szenarios sind nun angehalten, Hypothesen zu entwickeln, wie sie sich verhalten würden. Dabei wird der Text an dieser Stelle nicht argumentativ, sondern illustrativ: Im „Bombenhagel" zu „leben" erscheint wie ein unmögliches Unterfangen, wird hier doch ein Bild entworfen, bei dem Bomben wie Hagelkörner vom Himmel fallen. Dabei kann „Bombenhagel" nicht ohne zu zögern (also nicht unproblematisch) ausgesprochen werden. Damit spitzt sich die Dramatik zu. Es ist ein Szenario, das sich am Schauplatz des Krieges zuträgt und eine existenzielle Bedrohung für das eigene Leben und das geliebter Menschen darstellt. Das „Ich" im Szenario hat bereits den Verlust von Angehörigen zu beklagen und muss zudem ertragen, dass die „eigenen Kinder" Zeugen von Folter und Mord werden.

Nach weiterem Einatmen wechseln die Formulierungen vom Konjunktiv in die einfache Vergangenheit, sodass die Erzählung von traumatisierten Kindern wie ein realistischer Bericht erscheint. Der Fokus liegt nun auf den jüngsten Überlebenden des Krieges: den Kindern, denen also, die unschuldig an den Verhältnissen und besonders schutzbedürftig sind. Über diese Fokussierung auf die Kinder, deren Leid im Mittelpunkt steht, wird somit das Ausmaß der Ungerechtigkeit offenbart.

> Während sich zunächst andeutete, dass der Krieg benannt, aber nicht weiter ausgeführt wird, werden mit dem Szenario bestimmte Vorstellungen über den Krieg zum Leben erweckt. Die Fluchtursachen werden zu einer emotional aufgeladenen Erzählung, die den Krieg zu einer grausamen Realität macht. Die Zuhörenden werden dabei als Unbeteiligte positioniert, deren Distanz zum Krieg so groß ist, dass sie sich erst über ein Szenario ein Bild von dem Leid der Geflüchteten schaffen können. Damit kristallisiert sich langsam heraus, wer mit denen, die „wirklich Hilfe brauchen".

angesprochen ist. In das moralische Urteil, das die Zuhörenden nun zu fällen haben, muss zwangsläufig die eigene Beteiligung einfließen.

Beispiel

Pelin: hhh* in meinem prak- in meinem a praktikum habe ich mit so einem kind erfahrungen gemacht, hhh meine eigene familie is vorm bürgerkrieg und der isis in syrien geflohen, hhh die menschen sollten hilfe bekommen wenn sie darauf angewiesen sind, hhh meine meinung ist, menschen in so einer situation zu helfen und das ganze aus humanitärer sicht zu sehen, hoch die internationale solidarität (2)

*Geräusch des vernehmlichen Einatmens

Wieder beginnt Pelin mit einer kurzen Pause, was einen neuen Abschnitt einleitet. Es folgt nun eine Erzählung über eigene Erfahrungen, womit sie die Ebene des Szenarios endgültig verlässt. „In meinem Praktikum" verweist auf eine Perspektive als Beobachterin, die zugleich in einen pädagogisch professionellen Kontext eingebettet ist. Mit „so einem Kind" Erfahrungen gemacht zu haben, deutet auf die eigene Expertise hin, welche Pelin sich mit diesen Worten zuschreibt. „So ein Kind" ist in dieser Perspektive ein Kind, das „viel durchgemacht" hat und seelisch massiv leidet („traumatisiert", „psychische Probleme"). Diese Erfahrungen werden jedoch nicht genauer ausgeführt, sondern es wird eine weitere erfahrungsbezogene Quelle der Expertise herangezogen: die Flucht der eigenen Familie vor dem Bürgerkrieg und der „ISIS" in Syrien. Damit wird die eigene Familiengeschichte zu einer weiteren Belegerzählung für die Expertise und Authentizität der Schülerin: Glaubt mir, denn ich weiß, wovon ich spreche. Damit wird die eigene Position zum Argument für Hilfeleistung. Pelin ist so gewissermaßen Sprachrohr derer, die bis jetzt nicht selbst zur Sprache gekommen sind: die Geflüchteten. Pelins eigene biografische Involviertheit wird dabei als exklusive Position etabliert, die als ‚Insiderin' vermittelnd zwischen Geflüchteten und Mehrheitsgesellschaft steht.

In der Wendung „Die Menschen sollten Hilfe bekommen, wenn sie darauf angewiesen sind", wiederholt sich die Relativierung, dass nicht alle auf Hilfe angewiesen sind und nur diejenigen einen Anspruch darauf haben, die sie – wie im Szenario beschrieben – existenziell benötigen. „Menschen in so einer Situation zu helfen und das Ganze aus humanitärer Sicht zu sehen" erinnert damit an die Verantwortung, die mit der Verteidigung von Menschenrechten einhergeht.

Helfende und Hilfebedürftige stehen dabei in einem hierarchischen Verhältnis zueinander: Die Hilfebedürftigen sind in hohem Maße von den Entscheidungen der zur Hilfe Aufgerufenen abhängig. Die Entscheidung liegt also letztlich bei der zur Hilfeleistung aufgerufenen Mehrheitsgesellschaft, bei den Privilegierten, die durch das Szenario eine Ahnung von den schrecklichen Erlebnissen und Folgen des Krieges bekommen. „Ein Hoch auf die internationale Solidarität" knüpft an diesen Sinnzusammenhang an, indem Solidarität als globales, grenzübergreifendes Phänomen eingeführt wird. Auch wenn der Begriff der Solidarität dazu tendiert, Machtverhältnisse zu verschleiern, indem ein gemeinschaftliches Zusammenleben postuliert wird, das weder von Gemeinschaft noch von Gleichberechtigung gekennzeichnet ist, lässt er sich hier als Appell an die Menschlichkeit lesen. Hier tritt ein reflexives Moment ein, bei dem die Aufnahmegesellschaft an ihr Bekenntnis zur humanitären Verpflichtung erinnert wird. Pelin hält der Mehrheitsgesellschaft gewissermaßen den Spiegel vor, der die eigenen Werte wie Humanität und Solidarität vor Augen führt. Die Adressierung der Helfenden (‚Aufnehmenden') besteht dabei einerseits in der universellen Sprache von Emotionen, die mit dem beschriebenen Szenario verknüpft sind, andererseits in der dagegen fast nüchtern wirkenden Bitte um Perspektivübernahme („das Ganze aus humanitärer Sicht zu sehen").

Auch hier stellt sich wieder die Frage, wie Lehrer und Mitschüler/innen hierauf reagieren könnten. So könnten sich Mitschüler/innen zum Inhalt des Vorgetragenen verhalten, zum Beispiel, indem sie sich solidarisch erklären oder indem sie Gegenargumente vortragen – oder, wie bei Peer, nach dem Urteil des Lehrers klatschen. Herr Kurz könnte auch hier die Argumente und ihre Wirksamkeit analysieren und dabei ihre Bedeutung für den Themenzusammenhang „Lineare Erörterung" herausstellen. Dies könnte er ferner zum Anlass nehmen zu illustrieren, welche politische Haltung hier im Vergleich zu dem Vortrag von Peer deutlich wird. Besonders brisant ist dabei die Einbeziehung der Betroffenheitsperspektive der Schülerin. Der Bezug zur eigenen Familiengeschichte entzieht sich teilweise nicht nur der Argumentation, sondern auch der schulischen Bewertungslogik. Der Lehrer steht somit vor einem Dilemma: Wehrt er die auf persönlichen und biografischen Erfahrungen ab, die Pelin zum Ausdruck bringt, verkennt/missachtet er zugleich ihre Position, denn sie verbürgt diese Position – das hat sie deutlich gemacht – als ganze Person. Gibt er ihnen Raum, läuft er Gefahr, die schulische Logik der Leistungsorientierung zu suspendieren.

Beispiel

Herr Kurz: hhh (einatmend) #ja# (mit Nachdruck). gut #ähm# (langgezogen) hhh einleitung, ähm, du fängst nicht gleich mit deiner eigenen meinung an das heißt äh die sollten hilfe bekommen, das is eigentlich deine ganze einleitung aber du fängst äh an (klatscht) meiner meinung nach. das würd ich, hinten anstellen (klatscht), das heißt das kommt nach deiner einleitung, meiner meinung nach

Der Lehrer atmet zunächst tief ein und sagt dann mit Nachdruck „ja", das zugleich abschließend und überlegend ist. „ja. gut" könnte sowohl rein nachvollziehend und abschließend sein als auch eine erste Bewertung des Vortrags der Schülerin darstellen. Der Satz „Einleitung, ähm du fängst nicht gleich mit deiner eigenen Meinung an", liest sich zunächst wie eine Bestandsaufnahme dessen, was Pelin vorgetragen hat, lässt jedoch auch die Lesart zu, es als Kritik an diesem Vorgehen zu verstehen. Herr Kurz verwendet ein indirektes Zitat der Schülerin („die sollten Hilfe bekommen") und deutet es als den einzigen Inhalt der Einleitung („das is eigentlich deine ganze Einleitung"). Damit greift er nicht das Kriegsszenario und die damit verbundenen Bedrohungen auf, die Pelin beschrieben hat, sondern bezieht sich ausschließlich auf ihren Appell der Hilfeleistung. Die Begründung über humanitäre Grundlagen (weil es Menschen sind) und das Recht auf Leben in Frieden und Gerechtigkeit (die vor dem Krieg geflohen sind) fällt dieser Bedeutungsverschiebung zum Opfer. Herr Kurz bezieht sich hier nicht auf die Überzeugungskraft von Pelins Argumenten, sondern kritisiert die Struktur ihrer Erörterung. Das Klatschen rhythmisiert und unterstreicht das Gesagte.

Auffällig ist dabei der große soziale Abstand, den Herr Kurz zu den Geflüchteten, um die es in der Erörterung geht, einnimmt: Während Pelin von „Menschen" spricht, die „vorm Krieg geflüchtet sind", und damit Menschen in einer bestimmten prekären Lebenslage beschreibt, begibt sich der Lehrer mit „die sollten Hilfe bekommen" in eine maximale Distanz zu „denen" und konstruiert damit Geflüchtete als „die anderen", mit denen es keine Gemeinsamkeiten gibt. Das, was Pelin mit „ich behaupte" eingeleitet hat, wird nun von dem Lehrer paraphrasiert: „aber du fängst äh an, meiner Meinung nach". Ihre Behauptung wird somit durch Herrn Kurz nachträglich als Meinung gekennzeichnet und kritisiert, dass diese nicht am Anfang, sondern am Ende der Einleitung stehen sollte. Diese Kritik richtet sich dabei nur vordergründig an die Struktur der Erörterung, denn durch das Einleiten ihrer Erörterung mit „ich behaupte" macht Pelin ihre Argumente potenziell angreifbar. Meinungen hingegen können auf Normen und Werten basieren und sind insofern nicht ohne weiteres als „richtig" oder „falsch" zu konnotieren. Indem Herr Kurz die Behauptung zur Meinung modifiziert, nimmt er somit eine Bedeutungsverschiebung vor und verweist die Behauptung in den subjektiven Bereich („meiner Meinung nach"). Somit wird Pelins Ausführungen die argumentative Grundlage entzogen: Es bleibt „ihre" Meinung. Damit fällt auch die Begründung („die wirklich Hilfe brauchen, weil es Menschen sind, die vor dem Krieg geflüchtet sind") unter den Tisch. Nicht die humanitäre Begründung des Hilfeaufrufs ist hier das Thema, sondern die Kritik an Pelins normativem Anspruch des Aufsatzes.

Herr Kurz wiederholt die Formulierung „meiner Meinung nach" zwei weitere Male. Auch wenn Pelin selbst zwischen Behauptung und Meinung trennt, wird durch diese suggestive Wendung signalisiert, dass Pelin ‚nur' einem Gefühl gefolgt ist. Deutlich wird hier die Wirkmächtigkeit der Kritik und Bedeutungsverschiebung: Was als „gut" oder „schlecht" gelten kann, liegt in der Entscheidungsgewalt des Lehrers. Pelins Positionierungsversuch als Expertin aufgrund eigener Erfahrungen wird durch diese formale Kritik des Lehrers zurückgewiesen. Hier deutet sich an: Da diese rein formale Zurückweisung der Argumentationsführung auch in diesem Fall mit einer Umdeutung von Pelins Aussagen einhergeht, disqualifiziert Herr Kurz Pelins Erörterung. Im Gegensatz zu Peers Beitrag folgt somit im Anschluss kein Lob, das vom Klatschen der Mischüler/innen begleitet wird, sondern eine ausschließlich kritische Bezugnahme des Lehrers auf die Erörterung.

Beispiel

Herr Kurz: und dann beginnst du mit der linearen, hhh ähm, erörterung. und, äh nicht vergessen auch immer mit, beispielen. arbeiten, das heißt äh humanitäre sicht und so weiter solltest du dann vielleicht noch etwas weiter erklären, hhh ähm damit das dann wirklich äh stichhaltig is und begründet is, dein argument. #ja# (fragend) damit äh du- du bist ja praktisch auch wie ein verkäufer, das heißt du verkaufst aber deine meinung (2)

Pelin: hm

Als einen Kritikpunkt führt Herr Kurz nun den Hinweis an: „äh nicht vergessen auch immer mit Beispielen arbeiten". „Nicht vergessen" unterstellt Pelin ein Wissen um die Notwendigkeit von Beispielen, an das aber an dieser Stelle noch mal erinnert wird. Seine Kritik expliziert der Lehrer anhand des Wortes „humanitäre Sicht", das hier als erklärungsbedürftig eingestuft wird („solltest du dann vielleicht noch etwas weiter erklären"). Irritierend erscheint diese Kritik fehlender Beispiele vor dem Hintergrund des Szenarios und der eigenen Erfahrungen, die Pelin sehr bildhaft dargestellt hat. Auch an dieser Stelle der Rückmeldung von Herrn Kurz wird die emotional aufgeladene Beschreibung des Krieges nicht thematisiert. Vielmehr wird die fehlende Erklärung von Bezeichnungen wie „humanitäre Sicht" beispielhaft für die fehlende Stichhaltigkeit von Pelins Argumenten angeführt. In diesem Modus schließt der Lehrer ab „damit äh du- du bist ja praktisch auch wie ein verkäufer, das heißt du verkaufst aber deine meinung". Pelins Erörterung wird damit als nicht überzeugend gedeutet. Der „Verkauf" der Meinung gilt als misslungen und somit auch die Erörterung, die auf die Stichhaltigkeit der Argumente angewiesen ist.

Zwischenfazit
Pelin bringt sich hier in doppelter Weise in den Unterricht ein: Zum einen thematisiert sie ihre Erörterung zum Thema Flucht, womit sie sich – wie Peer – als Schülerin dem Urteil des Lehrers und der Klassenöffentlichkeit aussetzt. Zum anderen verweist Pelin auf ihren eigenen biografischen Hintergrund, der durch familiale Fluchterfahrung und durch ihre Arbeit im Praktikum geprägt ist.

Durch die Kritik an dieser zweiten Erörterung wird nicht nur ihr Text infrage gestellt. *Erstens wird Pelins Positionierung als ‚Expertin' und leistungsorientierte Schülerin zurückgewiesen.* Wenn Pelins Argumente nicht stichhaltig sind und ihre Erörterung in der Folge nicht überzeugend, lässt sich dies auf Pelins „Behauptung" beziehen, aus humanitären Gesichtspunkten müsse Menschen in Not geholfen werden. *Zweitens werden Pelins biographische Erfahrungen zurückgewiesen:* Durch die enge biografische Verknüpfung von Pelin mit ihrem eigenen Text wird mit einer Kritik an diesem Text indirekt auch die Rechtmäßigkeit der Flucht von Pelins Familie infrage gestellt. Besonders prekär wird Pelins Position vor dem Hintergrund des Lobes von Peers Erörterung, die sich gegen eine „Aufnahme von Flüchtlingen bei sich zu Hause" anhand von abwertenden Annahmen über die „Flüchtlinge" ausspricht.

3.3 Kurze Zusammenfassung der Interpretationsergebnisse

Der Vergleich der beiden Szenen offenbart einen starken Kontrast: Während Peer aus der mehrheitsgesellschaftlichen Perspektive der zur Hilfeleistung Aufgerufenen argumentiert, adressiert Pelins Erörterung Angehörige der Mehrheitsgesellschaft, indem sie ein Szenario aus der Perspektive von Geflüchteten entwirft. Stil und Argumentation der beiden Erörterungen unterscheiden sich ebenso sehr voneinander wie die jeweiligen Reaktionen von Herrn Kurz.

Dabei setzt sich dasselbe Strukturprinzip mit sehr unterschiedlichen Wirkungen durch: Herr Kurz evaluiert in seiner formalen Analyse der Schüler/innenbeiträge indirekt auch deren Inhalt. Im Fall von Peers Erörterung lässt sich eine Perspektive rekonstruieren, die sich (kultur-)rassistischer Argumenten bedient (mehr hierzu in Abschn. 4.1). (Flucht-)Migration wird hier als einseitige Belastung für Mehrheitsangehörige identifiziert. Während auf Peers Ausführungen fast ausschließlich Lob folgt, sind die Anmerkungen des Lehrers zu Pelins Erörterung durchweg kritisch.

▶ Insgesamt wird damit vordergründig „rein" formal argumentiert. Das heißt, die Bewertung des Lehrers bezieht sich auf die formalen Kriterien, die an die Beurteilung einer Erörterung angelegt werden können. Die Rekonstruktionen ergeben jedoch, dass in dem scheinbaren Bezug auf Formalia Anerkennungs- und Missachtungsstrukturen zum Ausdruck kommen. Indem der Lehrer in der Wiederholung der Aussagen Pelins deren Inhalt verschiebt und dies zur Grundlage seiner formalen Beurteilung macht, wertet er auch ihre Positionierung implizit mit ab. Dies steht in starkem Kontrast zur Bewertung von Peers Erörterung, die damit implizit als die ‚richtige' Lösung der Aufgabe etabliert wird.

Dabei gilt auch hier: Es bleibt offen, warum Herr Kurz auf diese Weise handelt, welche Meinung er zum Erörterungsthema hat usw. Bezeichnungen im Text wie ‚richtig' sind deshalb in Anführungsstriche gesetzt, weil sich diese ausschließlich auf die Rekonstruktion der Bedeutung beziehen, die keine Tatsachen widerspiegelt. Eine rekonstruierte Abwertung von Pelins Positionierung muss daher weder bewusst noch aus Überzeugung heraus entstanden sein. Das zeigt dieses Beispiel sogar besonders gut, da Herr Kurz sich selbst überhaupt nicht zum Thema Flucht äußert, sondern rein formal und insofern sehr zurückhaltend reagiert. In der Kritik des Lehrers findet somit eine Abgrenzung von Pelins Perspektive statt, die nichts Positives zurücklässt und somit auch die Forderung nach Empathie, Anerkennung und Solidarität infrage stellt. Auch für die anderen Schüler/innen sind somit die Grenzen des Sagbaren klar gezogen: Auch wenn es bei einer formalen Kritik bleibt, zeigt sich hier, welche Perspektiven voraussichtlich eine positive Bewertung erhalten werden und welche nicht.

Migration wird hier auf unterschiedliche Weise verhandelt, Flucht wird dabei als eine bestimmte Form von Migration relevant, an der sich allgemeiner schulische Teilhabemöglichkeiten illustrieren lassen. Die jeweiligen Deutungen von Schüler/innen und Lehrer haben, wie die Rekonstruktionen zeigen, Auswirkungen auf die Anerkennung von Schüler/innen, die im vorliegenden Beispiel durch biografische Erfahrungen (die im Übrigen auch andere in der Klasse betreffen könnten) besonders virulent werden. Als Unterrichtsthema wird Fluchtmigration der schulischen Bewertungslogik unterzogen und versetzt Herrn Kurz in die Situation zu urteilen, was in diesem Zusammenhang als ‚gute' schulische Leistung gelten kann. Dies wirft die Frage auf, welche Bedeutung diese Beobachtungen für das Nachdenken über professionell pädagogisches Handeln haben. Zudem haben wir bis jetzt nur oberflächlich betrachtet, welche Argumente vor allem Peer eigentlich vorbringt und wie diese über den Interaktionszusammenhang hinaus in Bezug auf gesellschaftliche Ungleichheitsverhältnisse einzuschätzen sind.

Literatur zur Vertiefung

Kleemann, F. et al. (2013). *Interpretative Sozialforschung. Eine Einführung in die Praxis des Interpretierens* (2. korrigierte und aktualisierte Aufl.). Wiesbaden: VS Verlag.
Wernet, A. (2000). *Einführung in die Interpretationstechnik der Objektiven Hermeneutik.* Opladen: Leske+Budrich (*Bei diesem Band handelt es sich um eine grundlegende Einführung in das rekonstruktive Arbeiten mit der objektiven Hermeneutik. Dabei werden die Schritte der Interpretation und die Auseinandersetzung mit der Frage der Fallbestimmung anschaulich verdeutlicht*).

Einzelnachweise

Messerschmidt, A. (2016). „Nach Köln" – Zusammenhänge von Sexismus und Rassismus thematisieren. In M. d. M. Castro Varela & P. Mecheril (Hrsg.), *Die Dämonisierung der Anderen: Rassismuskritik der Gegenwart.* (S. 159–172) Bielefeld: Transcript.
Oevermann, U. (2002). *Klinische Soziologie auf der Basis der Methodologie der objektiven Hermeneutik. Manifest der objektiv hermeneutischen Sozialforschung.* Frankfurt a. M.: Universitätsbibliothek Johann Christian Senckenberg.
Rommelspacher, B. (1995). *Dominanzkultur. Texte zu Fremdheit und Macht.* Berlin: Orlanda.

Migration: Theoretisierungsperspektiven und professionelle Herausforderungen

4

Der im dritten Kapitel präsentierte Fall wird im folgenden Kapitel noch einmal aufgegriffen und an die theoretischen Darlegungen zurückgebunden, die wir zuvor insbesondere mit den diskriminierungskritischen Perspektiven eingeführt haben. Fluchtbedingte Migration kommt in diesem Kapitel in zwei Dimensionen zum Ausdruck: Zum einen ist sie Unterrichts*gegenstand*, zum anderen wird sie in einem Setting diskutiert, in dem die biografischen Erfahrungen der Schüler/innen selbst auf unterschiedliche Weise mit Flucht verbunden sind. In Peers Erörterung ließ sich eine mehrheitsgesellschaftliche Perspektive rekonstruieren, die sich gegen Geflüchtete wendet; in Pelins Erörterung hingegen wird Flucht zu einem Anliegen internationaler Solidarität gemacht. Pelin konstruiert für sich eine Mehrfachzugehörigkeit. Sie ist in Deutschland geboren, positioniert sich aber – im Gegensatz zu Peer – nicht ausschließlich als Mehrheitsangehörige, die zur Hilfe aufgerufen ist, sondern ebenso im Kontext der familialen Fluchterfahrung und vor dem Hintergrund ihres Praktikums auch als pädagogisch Erfahrene.

4.1 Rassismuskritische Perspektiven und institutionelle Diskriminierung revisited: Anmerkungen zum Fall

Um die vorgestellten Fälle auf die in Kap. 3 entfalteten Theorien zu Diskriminierung und Rassismus zu beziehen, sollen in diesem Kapitel die Argumentation in Peers Erörterung und die Folgen für Pelins Position im schulischen Gefüge zum Gegenstand der Reflexion gemacht werden. Dabei liegt der Blick hier nicht auf den Differenzen innerhalb der Interaktionen zwischen dem Lehrer und den Schüler/innen, sondern vielmehr auf den Differenzen im Rahmen der Positionierungen. In Bezug auf Peers Erörterung lassen sich kulturrassistische Annahmen unabhängig davon rekonstruieren, ob jemand in der Situation anwesend ist, der durch diese Adressierungen potenziell verletzbar ist. Pelins Position wird allerdings dadurch in besonderer Weise prekarisiert, dass sie sich selbst als Schülerin mit familialer ‚Fluchtgeschichte' entwirft und auf diversen Ebenen Zurückweisung erfährt. Beginnend mit Peers Erörterung interessieren uns besonders die Stellen, die aus unserer Sicht relevant für Fragen von Diskriminierung sind. (Kulturrassistische) Diskriminierungen werden hier sehr subtil und unterschwellig wirksam und von den Beteiligten (auch den Betroffenen selbst) möglicherweise gar nicht als solche wahrgenommen. Es kann und soll daher auch keine Aussage darüber gemacht werden, wer sich an welcher Stelle wodurch diskriminiert fühlt, sondern auf welche Weise Diskriminierung wirksam wird. Die rassismuskritische Lektüre der Rekonstruktionen soll vielmehr darauf verweisen, dass Diskriminierung hier zu strukturellen Ausschlüssen ebenso wie zu dem subjektiven Gefühl der Benachteiligung führen kann.

Die Rekonstruktionsergebnisse zeigen, dass Fluchtmigration in den Erörterungen der beiden Schüler/innen in unterschiedlicher Weise krisenhaft erscheint. Die erste Perspektive, die hier durch Peers Erörterung repräsentiert ist, ist eine mehrheitsgesellschaftliche. Sie sieht Fluchtmigration vor allem als Bedrohung hinsichtlich eines Verlusts eigener Privilegien. Das Bedrohungsszenario entsteht durch die Konstruktion des geflüchteten Anderen, der den Europäer/innen Krankheiten bringt und sie bestiehlt, zugleich aber ihre Fürsorge einfordert. Zu diesem geflüchteten Anderen wird eine *maximale Distanz* aufgebaut. Die zweite Perspektive, hier durch Pelins Erörterung repräsentiert, fungiert gewissermaßen als Sprachrohr geflüchteter Menschen. Sie setzt die eigene biografische Involviertheit ein und verweist auf die existenzielle Bedrohung des Lebens von Menschen auf der Flucht. Der hiermit einhergehende Appell an Solidarität ist durch *soziale Nähe* gekennzeichnet. Die Rekonstruktionen zeigen, dass der Lehrer, Herr Kurz, die erste Perspektive indirekt bestätigt. So wird diese mehrheitsgesellschaftliche Perspektive hegemonial, sie setzt sich als das schulisch ‚Richtige' durch, gegen das von anderen Schüler/innen oder von Pelin selbst schwerlich etwas einzuwenden ist. Die zweite, von Pelin eingebrachte Perspektive, wird schließlich explizit zurückgewiesen.

In Rückbindung an die rassismuskritischen Ausführungen im zweiten Kapitel fällt in Peers Erörterung eine Aneinanderreihung kulturrassistischer

4.1 Rassismuskritische Perspektiven und institutionelle ...

Wissensbestände auf. Die dichotome Unterscheidung zwischen ‚uns' und ‚ihnen', mit denen ‚wir' nichts gemein haben, zieht sich durch die gesamte Argumentation und schließt insofern an die Praxis des *Othering* an. Damit verbunden sind biologistische Vorstellungen vom ‚Wesen' der als „Flüchtlinge" Konstruierten, indem – so können wir in Rückgriff auf Balibar formulieren – „die Schädlichkeit jeder Grenzverwischung und die Unvereinbarkeit der Lebensweise und Traditionen" (Balibar 1990, S. 28) behauptet wird. Diese Figur des „Anderen" wird hier – etwas zugespitzt – entworfen als potenzieller Dieb, der nichts hat, aber alles will, und seine Migration gezielt unternommen hat, um sich zu nehmen, was eigentlich anderen zusteht. Die Sorge um ansteckende Krankheiten lässt die Bedrohung für die leidenden Europäer/innen nochmals größer erscheinen und mündet im Verweis auf „terroristische Interessen", die zur Bedrohung des eigenen Lebens werden.

Die hiermit verbundene Argumentation ist beispielhaft für das, was wir unter Bezug auf Étienne Balibar als „Rassismus ohne Rassen" (ebd.) eingeführt haben. Dieser (Kultur-)Rassismus geht nicht von jeweiligen individuellen Eigenschaften aus, vielmehr wird darin umgekehrt Kultur zur übergreifenden Erklärung des Handelns. Diese kulturrassistische Argumentation „funktioniert" auch ohne die direkte Verwendung der „Rasse"-Semantik, knüpft semantisch jedoch daran an. Dabei werden a priori (vor der Erfahrung also) und abstrahierend Annahmen über das „Wesen" von Menschen getroffen, die nicht nur homogenisierend sind, sondern auch an klassische Motive des Fremd-Machens anknüpfen, wie sie bereits seit dem Kolonialismus bekannt sind (siehe auch Kap. 2). Als „Flüchtlinge" Positionierte werden somit gerade nicht in ihrer jeweiligen Individualität anerkannt und als Menschen mit vielfältigen Bedürfnissen, Erfahrungen und Interessen wahrgenommen. Sie werden ent-menschlicht und ihr Anspruch auf Hilfe wird zurückgewiesen. Peer reproduziert dabei wirkmächtige Diskurse, in denen sogenannten „Flüchtlingen" eine ausschließlich strategische Absicht hinter ihrer Flucht unterstellt und die Not dethematisiert wird („Wirtschaftsflüchtling"): „Europas weiße Mehrheitsgesellschaften begreifen die aktuellen Flüchtlingsbewegungen nach Europa weder als Gewinn noch als Verantwortung, sondern als ‚Krise'" (Arndt 2017, S. 29).

Wie mit Birgit Rommelspacher (2009) bereits weiter oben eingeführt, finden sich hier Kennzeichen nicht nur von Naturalisierung und Homogenisierung (z. B. in der Generalisierung von Motiven der Migration), sondern ebenfalls von Hierarchisierung. Ein Beispiel hierfür ist die Annahme der Notwendigkeit der „täglichen Versorgung", mit der Geflüchtete als unselbstständig und als alleine nicht lebensfähig und somit als hochgradig abhängig von der Gunst der Mehrheitsgesellschaft entworfen werden. Dies erscheint auf den ersten Blick paradox, wird „ihnen" doch zugleich unterstellt, zumindest die Migration selbsttätig (wenn auch aus dem Motiv reiner Berechnung) vorgenommen zu haben. Hier hilft allerdings ein Rückbezug zum oben bereits eingeführten Zitat von Stuart Hall, das auf die identitätsbildende Funktion von Rassismus verweist: „Das heißt also, weil wir rational sind, müssen sie irrational sein, weil wir kultiviert sind, müssen sie primitiv sein […]" (Hall 2000, S. 14). Die Argumentation folgt damit keiner inneren Logik o. Ä., sondern macht den Anderen zum defizitären Spiegelbild des Selbst (vgl. ebd.). Diese Position ist für den vorliegenden Interaktionsablauf besonders wichtig, da sie Bestätigung durch den Lehrer findet und darüber legitimiert wird. Ohne dessen Position hier nochmals genauer in den Blick nehmen zu können, sei dennoch darauf verwiesen, dass der Versuch, sich in maximale Distanz zu den „Anderen" zu begeben, auch im Sprechen des Lehrers („die") deutlich wurde.

▶ Wenn im Anschluss an Hall vom „Selbst" gesprochen wird, ist damit nicht Peer als Individuum gemeint, sondern der in seinem Sprechen rekonstruierbare Entwurf einer Positionierung. Diese Positionierung konstruiert eine Wir-Gemeinschaft, die im Zuge von Othering ‚die Anderen' entwirft, sich von ihnen abgrenzt und sie erniedrigt. Es ist daher ein abstraktes Selbst, das sich unter anderem durch eine Distanzierungsbewegung von ‚den Anderen' auszeichnet. Dieses Selbst scheint gesund (vs. krank), wohlhabend (vs. arm) und zivilisiert (vs. primitiv). Geflüchtete hingegen werden als Bedrohung der sozialen Ordnung konstruiert, die durch die kriminellen Handlungen (Diebstahl, Terrorismus) gefährdet scheint.

Die Argumentationslinien in Peers Erörterung verdeutlichen auch, dass diese Strukturen nicht stabil sind, sondern immer wieder aufs Neue hergestellt werden, Rassismus also – wie wir im zweiten Kapitel bereits beschrieben haben – eine soziale Praxis ist.

Dass somit die Argumentation Parallelen beispielsweise zu medialen und politischen Debatten aufweist, zeigt umso mehr, dass darin mehr zum Ausdruck kommt als individuelle Vorurteile. In diesem Sinne interessiert hier auch nicht Peers individuelles Verhalten (oder das von Herrn Kurz), vielmehr kann dieses als Übernahme und Deutung wirkmächtiger Diskurse gelten, die seit einigen Jahren Konjunktur haben:

„Aktuelle Projektionen auf Migranten sind derzeit vor allem in zwei Hinsichten erkennbar: Zum einen erscheinen sie als unmodern und erziehungsbedürftig für die Ansprüche des demokratischen Staates. Zum anderen wirken sie gefährlich, kriminell und nicht auf der Höhe des Geschichtsaufarbeitungskonsenses. In beiden Formen bleibt die eigene Verstrickung in die Nachwirkungen von Kolonialismus und Nationalsozialismus unzugänglich und unsichtbar" (Messerschmidt 2008, S. 7). Man könnte hier sehr viel genauer auf die Frage eingehen, inwiefern diese „Verstrickungen" sich in diesem Fall rekonstruieren und vor dem Hintergrund insbesondere kolonialen Denkens kontextualisieren lassen. An dieser Stelle soll jedoch eine Anmerkung hierzu genügen: Die Verkennung des eigenen Privilegs und die kulturrassistischen Konstruktionen, mit denen Menschen auf der Flucht zu Anderen gemacht und in eine marginalisierte Position gebracht werden, ignoriert auch hier die eigene Involviertheit in solche globalen Ungleichheitsverhältnisse. In den Blick genommen werden muss damit auch die gesellschaftliche *Perspektive,* aus der heraus gesprochen wird. Diese ist eurozentrisch, privilegiert und in Sicherheit (auch wenn diese als bedroht konstruiert wird). So können sich Mehrheitsangehörige wie Herr Kurz und Peer, die nicht durch rassistische Diskriminierung verletzbar scheinen, sich aufgrund ihres ‚weißen' Privilegs gewissermaßen aussuchen, ob sie sich mit dem Thema Fluchtmigration beschäftigen oder nicht.

Was bedeutet dies nun im Hinblick auf institutionelle Diskriminierung und die Folgen für Peer und Pelin?
Wenn wir Herrn Kurz in seiner Rolle als Lehrer und somit auch als Repräsentant der Schule betrachten, können wir sein Handeln als Ausdruck institutionellen Handelns deuten. In der Rolle des Lehrers wird von ihm erwartet, dass er sich an die gesetzlichen und schulischen Vorgaben und Richtlinien hält und gemäß den pädagogischen Programmen der Schule handelt. Inwiefern sich Herr Kurz auf diese Erwartungen bezieht, ist damit jedoch nicht voraussagbar. Damit ist also nicht gesagt, dass er in seinem Handeln keine Spielräume hat. So hätte er beispielsweise auch die Möglichkeit gehabt, anhand der unterschiedlichen Erörterungen von Pelin und Peer über die verschiedenen Perspektiven auf soziale Ungleichheit zu sprechen. Jedoch interpretiert Herr Kurz die institutionellen Regeln im Sinne eines Rückzugs auf formalisiertes Sprechen und leistet somit einer impliziten Bestätigung kulturrassistischer Perspektiven Vorschub.

▶ Durch die implizite Bestätigung und Wertschätzung des Lehrers gegenüber Peers kulturrassistischen Äußerungen werden diese auch als ‚richtiges' Wissen im Unterricht etabliert. Wir können zwar aus den Reaktionen von Herrn Kurz auf die Erörterung von Peer nicht zwingend schließen, dass es keinen kritischen institutionellen Umgang mit (rassistischer) Diskriminierung gäbe. So hätten andere Lehrer/innen dieser Schule möglicherweise anders gehandelt und sich dabei vielleicht sogar auf entsprechende Konzepte der Schule berufen. Doch wird hier deutlich, dass zumindest Herr Kurz situativ und spontan

> und gerade nicht nach einer solchen möglichen institutionell etablierten Strategie handelt. Auch die Aussagen des Schülers lassen ein derartiges institutionelles Bewusstsein bzw. eine schulische Strategie nicht erkennen. Das Handeln des Lehrers stellt jedenfalls kein Korrektiv und somit kein Gegengewicht zu den kulturrassistischen Argumenten dar. Stattdessen vollzieht diese schulische Bestätigung der kulturrassistischen Wissensbestände selbst eine Form institutioneller Diskriminierung.

Auch Pelins Erörterung weist einen impliziten Bezug zu diesen Wissensbeständen auf, indem eine Trennung von rechtmäßiger und unrechtmäßiger Flucht eingezogen wird. Ihre Positionierung gestaltet sich jedoch völlig anders als die von Peer, da sie sich durch ihre Familiengeschichte als Betroffene entwirft und ihr Text diese Betroffenheit auch bei anderen auslösen kann. Auf diese Weise wird Pelin mit Blick auf Diskriminierung jedoch auch selbst verletzbar. Durch die Thematisierung ihrer biografischen Erfahrungen richten sich – wenn auch indirekt – die kulturrassistischen Diskriminierungen, die sich rekonstruieren ließen, auch gegen sie.

Die Ausführungen zu institutioneller Diskriminierung in Abschn. 2.1 deuten bereits an, wie wirkmächtig kulturelle Zuschreibungen sind – vor allem, weil sie unabhängig von den Selbstdeutungen der als Migrant/innen Positionierten und sogar weitgehend unabhängig von schulischen Leistungen sind, die somit keinen Schutz vor Diskriminierung bieten. Für die Analyse von Unterrichtssituationen bedeuten diese Befunde, dass der Behandlung von als Migrant/innen Positionierten durch pädagogische Professionelle besondere Aufmerksamkeit geschenkt werden muss. Pelin wird (wie in 3.2 ausgeführt) zunächst von Herrn Kurz ignoriert und ihre Meldung erst beachtet, als es keine anderen Meldungen mehr gibt. Schließlich erhält sie die Gelegenheit, ihre Erörterung vorzutragen, wird aber – wie die Rekonstruktionen zeigen – auf verschiedenen Ebenen diskreditiert (siehe Abschn. 3.2). Dieser Fall illustriert somit, dass nicht allen „Partizipierenden gegenüber [der] gleiche Respekt zum Ausdruck" (Gomolla 2010, S. 206) gebracht wird. Soziale Wertschätzung jedoch ist, wie Mechtild Gomolla im Anschluss an die Gerechtigkeitstheorie Nancy Frasers bemerkt, für ein Individuum wichtig, um als gleichberechtigte/r Interaktionspartner/in anerkannt zu werden (vgl. ebd.). Da eine gleichberechtigte Interaktion in schulischen Zusammenhängen durch die machtstrukturierte Lehrer/in-Schüler/in-Beziehung ohnehin nicht möglich ist, erscheint es umso wichtiger, die pädagogische Herausforderung zu bearbeiten, differenzsensibel und anerkennend zu agieren. Pelin kommt die Möglichkeit, sich im Unterricht zu artikulieren, zwar formal zu, doch zeigen die Rekonstruktionen, dass ihr Versuch, sich mehrheitsgesellschaftlich zu positionieren, scheitert. Die wiederholte Zurückweisung ihrer Perspektive durch den Lehrer macht sie zu einer Schülerin, die nicht empathisch, sondern unsachlich argumentiert. Die familiäre Fluchtgeschichte (und auch die eigene pädagogische Arbeit mit geflüchteten Kindern) führt für Pelin nicht zu Anerkennungserfahrungen (zum Beispiel als ‚Expertin'), sondern zu Missachtungserfahrungen. Pelin wird systematisch zu einer Anderen gemacht, die eben nicht zu ‚uns' gehört. Insbesondere durch das Bündnis zwischen Herrn Kurz und Peer zeigt sich, dass Pelin trotz ihrer formalen Zugehörigkeit als Schülerin der Schule im Deutschunterricht marginalisiert und in diesem Sinne diskriminiert wird, da ihre Positionierung als Gleichberechtigte nicht anerkannt wird.

Auch wenn wir Pelin nicht nach ihrem Erleben in dieser Situation befragt haben, deutet sich im weiteren Unterrichtsverlauf an, dass diese Ausschlusspraktiken nicht spurlos an ihr vorübergegangen sind. So scheint die Schülerin im weiteren Verlauf der Stunde unaufmerksam und führt mit ihrer Nachbarin Nebengespräche, woraufhin sie von Herrn Kurz an einen anderen Platz gesetzt wird. Damit zeigen die Rekonstruktionen verbunden mit den rassismuskritischen Bezügen, dass es relevant ist, welche gesellschaftlichen Wissensbestände – hier über die ‚Anderen' – als das ‚richtige' Wissen schulisch anerkannt werden. In Peers Aussagen werden keine Personen benannt, sie richten sich nicht gegen jemanden Bestimmten. Vielmehr wenden sie sich gegen Geflüchtete als abstrakte Andere, über die es sich leicht sprechen zu lassen scheint, wenn aus einem großen sozialen Abstand heraus geurteilt werden kann. Dadurch jedoch, dass Pelin ihre biografische Involviertheit in ihrer Gegenrede offenlegt, bekommen Peers Aussagen plötzlich eine persönliche Dimension. In dem Moment, in dem Pelin ihre Erörterung vorträgt, wird ihre Familie und die rassistische Verletzbarkeit ihrer Familie durch Peers Erörterung klassenöffentlich.

Was bedeutet dies nun für pädagogisches Handeln? Ein differenzsensibler Umgang von Herrn Kurz mit der Situation, dies haben wir bereits an verschiedenen Stellen mit Blick auf Anschlussmöglichkeiten überlegt, hätte beispielsweise in einer kritischen Aufnahme von Peers Argumenten im Sinne einer allgemeinen Reflexion gesellschaftlicher Ungleichheitsverhältnisse bestehen können. Ein solches Handeln, das zum Beispiel nach spezifischen schulischen Strategien ausgerichtet sein kann, ist für pädagogisch Professionelle allerdings voraussetzungsvoll. Es setzt nicht nur ein differenziertes Wissen um Ungleichheitsverhältnisse voraus, sondern auch Sensibilität hinsichtlich der Ambivalenz von Anerkennung (Mecheril 2004, S. 220 ff.). Die knappen zeitlichen Ressourcen begrenzen zum Beispiel den Spielraum, Diskriminierung spontan im Unterricht zu reflektieren – es muss damit abgewägt werden, wie das Sprechen über

Diskriminierung ermöglicht werden kann. Umso wichtiger ist es daher, das wird auch hier deutlich, diskriminierende Strukturen auch auf institutioneller Ebene zu bearbeiten, um das pädagogische Handeln zu entlasten.

4.2 Professionalisierungsstrategien und Arbeitsbündnisse unter migrationsgesellschaftlichen Bedingungen

Standen im vorangehenden Kapitel die Positionierungen des Schülers und der Schülerin durch den Verlauf der Interaktion im Vordergrund, geht es im folgenden Teilkapitel stärker um die Arbeitsbündnisse, die der Lehrer mit beiden eingeht. Diese Lehrer/innen-Schüler/innenbeziehung ist als Forschungsgegenstand im Rahmen pädagogischer Fragestellungen seit jeher von großem Interesse. Der Lehrer/innenberuf gehört zu jenen Berufen, für die das Handeln nicht technologisierbar scheint, d. h., es gibt keine einheitlichen Regeln und Technologien, nach denen dieses Handeln funktioniert (Luhmann und Schorr 1985). Lehrer/innen haben vielmehr die Aufgabe, Schüler/innen auf die Teilhabe an der Gesellschaft vorzubereiten. Wie dieses Ziel zu erreichen sei, ist eine Frage, die nicht unter Rückgriff auf Kausalitätsannahmen beantwortet werden kann. Auch wenn sich solche Bestimmungen sehr allgemein (also universalistisch) formulieren lassen, so stellt Migration doch, wie das erste Kapitel gezeigt hat, die universalistischen Ziele und Versprechungen auf die Probe, weil das Homogenitätsideal der Schule nicht mehr erfüllt scheint (Hummrich 2016b). Was dies für das (schul-)pädagogische Handeln in der Migrationsgesellschaft bedeutet, soll im folgenden Kapitel erörtert werden. Damit will das Kapitel selbst einen Beitrag zu diversitätssensiblen Professionalisierungstheorien leisten mit dem Ziel, den Anspruch der Schule an die Ermöglichung von Bildung für alle im Hinblick auf die Anforderungen zu reflektieren, die sich im pädagogischen Alltag stellen.

Trotz der Vielzahl an Migrationsgründen und des jeweiligen rechtlichen Status der Migrant/innen in Deutschland, können am referierten Fall einige grundlegende Prinzipien pädagogischen Handelns in der Migrationsgesellschaft besprochen werden. Dabei geht es weniger darum, ‚in Stein zu meißeln', wie mit ‚den' Migrant/innen (die es – wie oben beschrieben – als allgemeine Gruppe nicht gibt) umzugehen sei, sondern herauszuarbeiten, wie in professionellen

4.2 Professionalisierungsstrategien und Arbeitsbündnisse ...

Arbeitsbündnissen, die zum Beispiel durch ethnische Diversität gekennzeichnet sind, möglicherweise veränderte Anforderungen an professionalisiertes Handeln gestellt werden. Diehm und Radtke (1999) haben dies aufgegriffen, indem sie von der gesellschaftlichen und der individuellen Bedeutsamkeit des pädagogischen Handelns sprachen und damit die strukturellen und die Handlungsbedingungen pädagogischen Handelns als reflexionsnotwendig markieren. Pädagogisches Handeln in der Migrationsgesellschaft soll damit weder beliebig sein noch Ungleichheitsstrukturen reproduzieren.

Nun verspricht die moderne Schule, wie dies im ersten Kapitel thematisiert wurde, allen Schüler/innen die gleichen Chancen. Lehrer/innen sind gehalten zu beurteilen, was nötig ist, um diese Chancen zu realisieren, und gleichzeitig gefordert, geeignete Möglichkeiten zu finden, Schüler/innen sozial zu platzieren. Das heißt: Schule vermittelt Wissen, in ihr findet aber auch „Allokation" statt (Fend 2006), somit weist Schule den Schüler/innen in der Gesellschaft bestimmte Plätze zu. Auf diese Weise werden gesellschaftliche Strukturen reproduziert. Dies legitimiert die Schule über die Leistungsbeurteilung der Schüler/innen. Die Beurteilung von Leistung und Leistungsfähigkeit ist also mit der Gewährung oder dem Verwehren von Teilhabe verknüpft. Hierbei werden diskriminierende Zuschreibungen bedeutsam, wie sich in den theoretischen Ausführungen zu (rassistischer) Diskriminierung, aber auch den empirischen Rekonstruktionen (vgl. Kap. 3) gezeigt hat. Im Zusammenhang mit migrationsbedingter Diversität sind also Konstruktionen von Andersheit entstanden, die sich nachteilig auf die Wahrnehmung der schulischen Leistungsfähigkeit von als Migrant/innen positionierten Schüler/innen auswirken. Darin zeigt sich, dass Kinder und Jugendliche in einem institutionellen Rahmen wie der Schule keine Wahlfreiheit haben, z. B. welche Bildungswege sie gehen. Auf der gesellschaftlich-organisatorischen Ebene gibt es Lehrpläne und Curricula, Jahrgangsstufen und Schulformen, die Schüler/innen einstufen und zuordnen. Individuell müssen Lehrer/innen diese nicht nur umsetzen, sondern auch mit den einzelnen Schüler/innen aushandeln. Daneben findet auch Erziehung und Förderung statt, die man sich ebenso als individuelle Aushandlungsprozesse vorstellen kann. Darin geht es um die Frage, wie viel Freiheit dem/der Einzelnen gewährt werden kann und wie viel Rahmung Schüler/innen brauchen. Laut den Schulgesetzen der Bundesländer ist das Ziel der modernen Schule Mündigkeit, die durch Erziehung erreicht werden soll.

Unter Bedingungen wahrgenommener kultureller, sprachlicher und milieubezogener Vielfalt scheinen sich auch die Anforderungen an Lehrer/innen zu pluralisieren. Hier ist dann häufig die Rede von „steigender Heterogenität". Diese Wahrnehmung gesteigerter Heterogenität macht sich öffentlich häufig am Thema Migration fest und wird darüber problematisiert. Es scheint plötzlich nicht mehr möglich, alle Kinder gleichzubehandeln. Aber war es das je? Gab es eine Zeit, zu der unter Bedingungen der massenhaften Beschulung von Kindern deren Verschiedenheit nicht problematisiert wurde? Norbert Wenning (2013) zeigt in historischen Analysen, dass dies nie der Fall war. Schon in der frühen Moderne wurde das Thema „Verschiedenheit" – nicht mit Bezug auf Migration, doch mit Bezug auf die vielen Kinder, die einem/einer Lehrer/in gegenübertreten – als pädagogische Aufgabe verstanden. Heute wird migrationsbedingte Heterogenität als besondere Herausforderung betont und damit auch eine gewisse Dramatisierung der Sicht auf Migrant/innen im Bildungssystem verbunden.

▶ Wie im ersten Kapitel ausgeführt, entsteht die Schule als nationales Projekt im 18./19. Jahrhundert. Die damit einhergehende Frage, ob auch nach Deutschland migrierte Kinder, die nicht von vornherein dem Nationalstaat als zugehörig zugerechnet werden, die gleichen Bildungszugänge erhalten sollen, schreibt sich bis heute in das Bildungssystem ein. Diese Zugehörigkeitsdebatte wird mit Blick auf Sprache und Werte immer wieder neu diskutiert. Die sprachliche und herkunftsbezogene Diversität wird als zunehmend bzw. sich steigernd erfahren und sowohl in akademischen Zusammenhängen als auch medial als ‚Herausforderung' für Lehrer/innen formuliert. Folglich wird die Zugehörigkeit von Migrant/innen in der Schule häufig eher als soziales Problem denn als Voraussetzung für gleichberechtigte Teilhabe thematisiert. Vor dem Hintergrund des Anspruchs Reflexiver Interkulturalität geht es jedoch in der Schule der Migrationsgesellschaft vielmehr darum, pädagogisches Handeln angesichts der vielfältigen Lebensentwürfe und -bedingungen aller Kinder und Jugendlichen zu entwerfen.

4.2.1 Ein professionalisierungstheoretischer Ansatz: Pädagogische Antinomien und Arbeitsbündnisse

Im ersten Kapitel haben wir gezeigt, wie sich die Idee einer allgemeinen Schulpflicht mit der Vorstellung der Volks- und Nationenbildung verbindet und wie dies bis heute nachwirkt. Dieses „Nachwirken" artikuliert sich beispielsweise auch in der Unterscheidung von Einheimischen, „Berechtigten" auf der einen, Fremden/ Anderen und Nicht-Berechtigten auf der anderen Seite. Gleichzeitig zeigt sich, dass Vielfalt in der Schule als allgemeines Problem gilt, weil von Einheit(lichkeit) der Schüler/innen ausgegangen wird und die Herstellung von Einheit das Ziel ist (vgl. Kap. 1). Dies ist ein Punkt, der allgemeine Bedingungen des Schulischen berührt. Migration bringt die Spannungen und Widerspruchsverhältnisse auf spezifische Weise zum Ausdruck. Aber durch ihre staatliche Organisation, die Doppelaufgabe von Erziehung und Wissensvermittlung und den Bildungsanspruch, der für alle Kinder und Jugendlichen gelten soll, muss sich Schultheorie seit jeher mit Widerspruchsverhältnissen befassen (vgl. Helsper 1996). Im Folgenden sollen daher anhand schultheoretischer Überlegungen von Werner Helsper zunächst einige allgemeine professionalisierungstheoretische Anmerkungen entfaltet werden. Diese werden im Anschluss auf den im dritten Kapitel rekonstruierten Fall bezogen und somit im Hinblick auf migrationsgesellschaftliche Verhältnisse reflektiert.

▶ Zu den Widerspruchsverhältnissen, die in der Schule zur Geltung kommen, gehören folgende:

- Wissensvermittlung ist (national) staatlich organisiert, kann aber nur in Interaktionen zwischen Lehrer/innen und Schüler/innen stattfinden;
- Mündigkeit und Autonomie sollen erreicht werden, dies soll aber durch Erziehung – also Zwang/heteronome Rahmungen geschehen;
- Beziehungen sollen professionell distanziert sein, Lehrer/innen sollen aber auch individuell auf den/die Einzelnen eingehen und ihnen nah sein;
- Lebensformen sind plural/vielfältig, sie sollen aber alle in einer Schule vergemeinschaftet werden;
- Kindheit und Jugend sind durch gesellschaftliche Institutionen und Vorstellungen gerahmt, aber jeder soll sich frei entfalten können;
- Schule soll jede/n Schüler/in allgemein bilden, aber das vermittelte Wissen soll auch nutzbar sein.

Diese Widersprüche bilden sich in sechs Kern-Antinomien (Antinomie = Widerspruchsverhältnis) ab, die Werner Helsper (1996) beschrieben und seither kontinuierlich weiterentwickelt hat. Für unseren Zusammenhang genügt es zunächst, bei den ursprünglich beschriebenen zu bleiben und sie dann mit Blick auf pädagogisches Handeln in der Migrationsgesellschaft zu erweitern. Sie können wie folgt knapp umrissen werden:

- Autonomie und Heteronomie (Zwang): Diese Grundantinomie bedeutet, dass jedes Erziehen mit Fremdbestimmung verbunden ist. Gleichzeitig soll es zu Freiheit und Selbstständigkeit führen. Die Grundfrage ist, wie aus asymmetrischen Verhältnissen (Erwachsene/Repräsentant/innen der gesellschaftlichen Ordnung und Kinder/Jugendliche) Autonomie resultieren kann, ohne

dass diese eine Überforderung darstellt oder selbst zum Zwang wird (ebd., S. 19 f.).
- Organisation und Interaktion: Lernprozesse in der Schule sind formal organisiert (z. B. durch Lehrpläne, Stundentaktung, Bewertungsskalen). Gleichzeitig benötigen Lernen und Bildung die interaktive Auseinandersetzung zwischen Pädagog/innen und Zu-Erziehenden. Die Organisation entlastet einerseits, andererseits müssen Entscheidungen in Lern- und Bildungsprozessen spontan (in der Situation, in der Interaktion) getroffen werden (ebd., S. 20 ff.).
- Kulturelle Pluralisierung: Diese Antinomie könnte man auch im Widerspruchsverhältnis zwischen Homogenisierung und Differenzierung fassen (s. Schema unten). In den letzten 50 Jahren haben sich die Lebensformen vervielfacht. Viele Lebensformen – darunter Ehe und Familie – gelten heute für die meisten Bürger/innen nicht mehr als zentrales Erziehungsziel. Sie haben in ihrer allgemeinen Bedeutung abgenommen. Auch Erziehungsziele haben sich vervielfältigt. Pädagogisches Handeln ist gefordert, sich damit auseinanderzusetzen und in der Massenbildungsinstitution Schule Wege zu finden, den pluralen Lebensformen Rechnung zu tragen (ebd., S. 22 ff.).
- Nähe und Distanz: Der Begriff „professionell" verweist darauf, dass die Beziehungen in der Schule als professionelle distanzierter sind als z. B. Beziehungen in der Familie. Doch je jünger Kinder sind, desto mehr ist Lernen auch an nahe Beziehungen gekoppelt. Gleichzeitig sind Lehrer/innen gehalten, Schüler/innen nach rationalen Kriterien distanziert zu beobachten und zu beurteilen. Eine unausgewogene Balance kann dazu führen, dass das Handeln entgrenzt wird (zum Beispiel, wenn der Lehrer als Freund und nicht als Wissensvermittler und Leistungsbeurteiler auftritt), was selbst wieder produktiv sein kann, aber auch Lernprozesse verhindern kann – etwa wenn Nähebekundungen als übergriffig erlebt werden (ebd., S. 24 f.).

Pädagogisches Handeln ist allerdings auch in gesellschaftliche Strukturen eingebettet. Hier werden folgende Spannungsverhältnisse relevant:

- Kindliche „Natur" und Disziplinierung: In den historisch nachverfolgbaren Machtdiskursen der deutschen Pädagogik wird häufig darum gerungen, ob pädagogisches Handeln an der kindlichen „Natur" orientiert sein solle (etwa im reformpädagogischen Diktum einer „Pädagogik vom Kinde aus") oder ob Schule vorrangig als Integrationsinstanz „wirken" soll, die das Handeln im Sinne einer Anpassung diszipliniert (ebd. S. 27 f.). Hier die Balance zu halten hängt nicht am einzelnen Lehrer/an der einzelnen Lehrerin, sondern auch an den gesellschaftlichen Strömungen und Entwicklungen.

4.2 Professionalisierungsstrategien und Arbeitsbündnisse ...

- Allgemeinbildung und soziale Brauchbarkeit: Die Frage, ob Pädagogik die ganze Person oder den Bürger bilde (ebd., S. 28), leitet diese Antinomie. Dabei ist es wichtig zu beachten, dass die Schule als Institution für alle Kinder und Jugendlichen nicht nur der umfassenden Bildung des Menschen verpflichtet ist, sondern auch die gesellschaftliche Funktion der Qualifikation und der Partizipation am politischen System erfüllt (ebd., S. 29).

Diese Spannungsverhältnisse wurden hier aus Gründen der Vollständigkeit benannt. Sie werden im Folgenden vernachlässigt, da dies für unsere Zwecke zu weit führen würde. Wer sich näher damit befassen möchte, sei auf die Ausführungen von Helsper (1996) verwiesen, die am Ende des Kapitels auch in der Bibliografie zu finden sind.

▶ Unsere Auseinandersetzungen gehen vor allem auf die vier ersten – die Handlungsantinomien – ein. Diese lassen sich sehr fruchtbar auf die dargestellten Fälle beziehen. Durch die systematisierende Anschlusssuche der Fälle an Theorie(n) gelingt es, Fälle zu verallgemeinern. Weil Migrationsforschung und allgemeine Schulpädagogik/Professionalisierungstheorie bislang erst selten in einen Zusammenhang gebracht wurden, ruht in der verallgemeinernden Falldiskussion selbst der Versuch, einen theoretisch innovativen Beitrag zu leisten. So wird deutlich, dass Fallarbeit im Sinne qualitativer Forschungsmethodologie theoriegenerierendes Potenzial besitzt (Lamnek 1992). Dies beinhaltet für den vorliegenden Band die Ausdifferenzierung professionstheoretischer Perspektiven zu pädagogischem Handeln in der Migrationsgesellschaft im Sinne eines reflexiv(-interkulturell)en Ansatzes, wie Hamburger (2009) ihn verallgemeinernd beschrieben hat.

Die hier aufgezeigten Antinomien markieren nun auch die Bedingungen des *pädagogischen Arbeitsbündnisses*, das sich zwischen Lehrer/innen und Schüler/innen in der Schulklasse ausformt (vgl. Oevermann 1996) und das im Folgenden näher skizziert wird. Unterschiedliche Fälle pädagogischen Handelns lassen sich als *Strukturvarianten* pädagogischer Arbeitsbündnisse fassen.

▶ Pädagogische Arbeitsbündnisse sind Beziehungen zwischen Lehrer/innen und Schüler/innen, die im Rahmen des Unterrichts eingegangen werden (vgl. Helsper und Hummrich 2008) und in die Handlungsantinomien eingebettet sind. Dabei kommt es zu einem Wechselspiel aus dyadischen Arbeitsbündnissen, das heißt Arbeitsbündnissen zwischen zwei Personen: Lehrer/in und Schüler/in (Dyade = Zweierbeziehung) und dem Klassenarbeitsbündnis, in dem der/die Lehrer/in alle Schüler/innen der Klasse adressiert. (ebd., S. 60).

Das heißt: Jede/r Lehrer/in und jede/r Schüler/in handelt vor dem Hintergrund der oben beschriebenen Widerspruchsverhältnisse. Diese rahmen und strukturieren das Handeln, sie werden aber auch erst handelnd hervorgebracht. In der Schulklasse gehen Lehrer/innen und Schüler/innen Beziehungen ein. Lehrer/innen kennen in der Regel ihre Schüler/innen und haben zu jeder/jedem eine eigene Beziehung. Doch die Rahmung des Unterrichts und die Verpflichtung der Schule auf die Vermittlung von Wissen, vor allem aber die Tatsache, dass noch eine größere Anzahl weiterer Schüler/innen im Klassenzimmer anwesend sind, fordern Lehrer/innen dazu auf, sich in ihrem Handeln auch auf die gesamte Klasse zu beziehen. Schulische Arbeitsbündnisse schließen also individualisierte – dyadische – und kollektivierte – auf die Schulklasse bezogene – Arbeitsbündnisse ein (Helsper und Hummrich 2008, S. 60 f.). In den dyadischen Arbeitsbündnissen kommt es zu spezifischen Balanceverhältnissen der Antinomien: Lehrer/innen sind zum Beispiel gegenüber einigen Schüler/innen distanzierter; anderen wiederum stehen sie näher. Einige Schüler/innen benötigen Unterstützung und damit Fremdbestimmung (Heteronomie), andere können ihre Aufgaben bereits selbstständig bearbeiten und Entscheidungen, die ihren Lernprozess betreffen, autonom treffen. Bei all diesen Unterschieden, die Lehrer/innen in den dyadischen Beziehungen berücksichtigen (müssen), sind sie einerseits gefordert, ihre Handlungsentscheidungen spontan zu treffen, andererseits müssen sie die dyadischen Beziehungen immer wieder in das Klassengeschehen einbinden.

Auch wenn sich der theoretische Entwurf des Arbeitsbündnisses sehr komplex liest, soll ihm im Folgenden, in einer etwas vereinfachten Form, nachgegangen werden. So lassen sich die Strukturvarianten danach beschreiben, wie die Antinomien ausbalanciert werden. In einem allgemeinen Schema finden wir zunächst ein anschauliches Modell, welches das in Antinomien eingebettete Arbeitsbündnis beschreibt (Abb. 4.1).

„L" bezeichnet hier die Lehrperson, „P" meint die lernende Person, also den/die Schüler/in. Beide sind zentriert um die gemeinsame Sache „S", denn der Unterricht, in dem sich Lehrperson und Schüler/in begegnet, findet dem Anspruch nach sachbezogen statt. Es geht um sachliche Inhalte, die gelernt werden sollen. Die Lehrer/in-Schüler/in-Beziehung konstituiert sich also vor dem Hintergrund des Klassenarbeitsbündnisses als antinomisch strukturierte Beziehung (vgl. auch: Oevermann 2001; Helsper und Hummrich 2008) in den oben beschriebenen Spannungsverhältnissen. Diese sind hier benannt.

4.2 Professionalisierungsstrategien und Arbeitsbündnisse ...

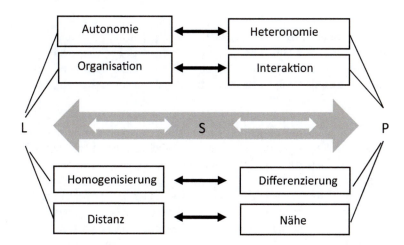

Abb. 4.1 Vereinfachtes Antinomienschema und Arbeitsbündnisschema (Nach: Helsper und Hummrich 2008, S. 66)

Die Doppelpfeile, mit denen die Spannungsverhältnisse aufeinander bezogen sind, deuten dabei an, dass die Lehrer/in-Schüler/in-Beziehung jeweils in diesen Spannungsverhältnissen balanciert werden muss. Das Arbeitsbündnis muss ein/e Lehrer/in mit jeder lernenden Person in der Klasse eingehen. So kommt es zur Entfaltung von Arbeitsbündnissen, die individuell ausgestaltet und balanciert werden (wobei n gleich der Anzahl der Schüler/innen in einer Klasse ist). Doch getreu eines Bonmots von Aristoteles – „Das Ganze ist mehr als die Summe seiner Teile" – hat die Lehrperson auch eine spezifische Beziehung zur ganzen Klasse. So besteht die Dynamik des Unterrichts grob gesagt darin, die Antinomien in den spezifischen Arbeitsbündnissen zu den einzelnen Schüler/innen ausbalancieren zu müssen und gleichzeitig einen Blick für das sogenannte Klassenarbeitsbündnis zu wahren.

> Die kurzen Anmerkungen zu Professionalisierung und zur Beschaffenheit unterrichtlicher Arbeitsbündnisse geben Einblick in die komplexe Tätigkeit des Unterrichtens. Lehrer/innen sind gefordert, Arbeitsbündnisse im Einzelnen und insgesamt zu gestalten und zu reflektieren. Dabei kann die

> Kenntnis darüber, dass die Beziehungen in der Schule in Antinomien eingebettet sind, dabei helfen, sich über die Struktur der Beziehungen bewusst zu werden. Wie sich die Beziehungsgestaltung dann jeweils konkretisiert und inwiefern sie angemessen ist, stellt sich jedoch individuiert dar.

Das bedeutet: Wissenschaftlich kann nicht gesagt werden, welche didaktischen Methoden ein jeweils gelingendes Arbeitsbündnis hervorbringen. Die wissenschaftliche Perspektive auf Arbeitsbündnisse kann aber dazu beitragen, die Strukturlogik von Beziehungen, wie sie im pädagogisch professionellen Handeln vorkommen, nachvollziehend zu verstehen. Dies unter der Perspektive pädagogischen Handelns in der Migrationsgesellschaft zu tun, ist Aufgabe des folgenden Kapitels. Hier soll entlang der Unterrichtssituationen mit Herrn Kurz, Peer und Pelin, die sich jeweils einzeln betrachten lassen, noch einmal reflektiert werden, wie ethnische Differenz hergestellt wird.

Um den oben genannten verstehenden Nachvollzug zu ermöglichen, wird der Fall, der im dritten Kapitel dieses Bandes interpretiert wurde, in Bezug auf die vorgestellte Professionalisierungstheorie beleuchtet. Dabei ist es wichtig, vorauszuschicken, dass die Lehrer/in-Schüle/in-Beziehung und die jeweiligen Arbeitsbündnisse einerseits in den Zusammenhang der spezifischen Einzelschule eingeordnet sind, andererseits in das gesellschaftliche Verständnis von Kindheit/Jugendlichkeit – also die normativen Orientierungen im Hinblick auf das Aufwachsen. In die Ausgestaltung der Schule spielen also lebensweltliche Nähen und Distanzen der Schüler/innen und Lehrer/innen zueinander hinein. Dies zu wissen ist wichtig, um sich mit der Einbettung der interpretierten Situationen in die schulische Logik auseinandersetzen zu können. Thematisiert werden diese Nähen und Distanzen zum Beispiel über das Milieu, aus dem Schüler/innen kommen. In den Medien nehmen wir zum Beispiel wahr, dass häufig von sogenannten bildungsnahen und bildungsfernen Milieus geredet wird. Hierin zeigt sich die Annahme, dass Schüler/innen, die in Familien und Nachbarschaften aufwachsen, die sich sehr positiv auf Bildung und Schule beziehen, bessere Bildungschancen erhalten als andere, denen keine entsprechende Nähe unterstellt wird. Die Sichtweise verleitet dazu, ‚Nähe' und ‚Distanz' zur Bildung als eigene, rationale Entscheidung zu betrachten. Tatsächlich sind sie aber gesellschaftlich bedingt. Das heißt: Ob Kinder in der Schule auf Teilhabemöglichkeiten oder -erschwernisse treffen, hängt sehr stark davon ab, auf welche familialen Ressourcen sie zurückgreifen können und mit welchen Zuschreibungen sie konfrontiert sind – ob sie zum Beispiel vor dem Hintergrund ihrer Familie und nachbarschaftlichen Netzwerke befähigt werden, an das anzuschließen, was in der Schule wertgeschätzt wird oder ob sie vor dem Hintergrund ihrer Erfahrungen in der Schule auf ablehnende Haltungen treffen (vgl. Bourdieu 2006). Der pädagogische Umgang mit Peer und Pelin zeigt dies eindrucksvoll. Wir werden dies später noch an dem Fall, der in Kap. 3 präsentiert wurde, ausbuchstabieren – für jetzt sei lediglich darauf hingewiesen, dass sich Lehrer/in-Schüler/in-Beziehungen in unterschiedlichen Schulen auch unterschiedlich ausgestalten. So gibt es Schulen, die eher elite- und leistungsorientiert sind. Für diese wurde in früheren Forschungsprojekten herausgearbeitet, dass sich die Arbeitsbündnisse von Schulen, die von Kindern aus ressourcenschwachen Elternhäusern besucht werden, deutlich unterscheiden (vgl. Helsper und Hummrich 2008, S. 67).

> Aus dieser etwas holzschnittartigen Darstellung kann man schließen, dass in den Arbeitsbündnissen, die um die Sache zentriert sind, häufig vorausgesetzt werden kann, dass die Schüler/innen durch das durch die Eltern/ die Familie repräsentierte Milieu auf die schulischen Anforderungen vorbereitet sind und es eine Trennung zwischen schulischer Zuständigkeit (Wissensvermittlung) und elterlicher Zuständigkeit (emotionale Handlungssicherheit) gibt. Wir sehen damit, dass sich Schulen untereinander nicht gleichen und Arbeitsbündnisse sich auch je nach den Schulen, in die sie eingelagert sind, unterscheiden. Gleichzeitig wird deutlich, dass die Lebensbedingungen der Schüler/innen die Arbeitsbündnisse nicht unberührt lassen.

4.2.2 Die Arbeitsbündnisse mit Peer und Pelin

Was bedeutet die hier vorgestellte Theorie nun für die Ausgestaltung von pädagogischen Arbeitsbündnissen in der Migrationsgesellschaft? Fassen wir die Fallanalyse an dieser Stelle noch einmal knapp zusammen: Der Lehrer, Herr Kurz, hat im Vorfeld vermittelt, dass es lineare und antithetische Erörterungen gibt. So lernen die Schüler/innen, dass ein Standpunkt auf unterschiedliche Weisen eingenommen werden kann, und setzen sich mit der Notwendigkeit auseinander, sachliche Argumente zur Vertretung ihrer Position zu finden (und diese – in der antithetischen Erörterung – auch gegen andere Positionen zu verteidigen). Peer und Pelin haben lineare Erörterungen präsentiert, in denen jeweils eine Argumentationslinie fokussiert wird. Peer argumentiert gegen die Aufnahme von Geflüchteten in seinem Zuhause, Pelin plädiert für deren Unterstützung und für internationale Solidarität. Hieran hätte Herr Kurz unterschiedliche Möglichkeiten gehabt anzuschließen: Er hätte an den kontrastierenden Beispielen die Varianten antithetischer Erörterungen aufzeigen können; er hätte mit den Schüler/innen über den Bedeutungsgehalt ihrer Thesen sprechen können. Dass er dies nicht getan hat, sondern vordergründig rein formal argumentiert, bedeutet schließlich – so haben wir es im vorhergehenden Kapitel herausgearbeitet – dass die abwehrende Argumentation in Peers Erörterung inhaltlich gestärkt, Pelins auf Unterstützung und Solidarität zielende Ausführungen wiederum geschwächt und entwertet wird.

Warum der Lehrer dies macht, bewerten wir, wie bereits ausgeführt, als Erziehungswissenschaftler/innen nicht. Vielmehr ist es an uns zu fragen, welche Strukturen dabei wirksam werden – analytische Betrachtungen tragen somit dazu bei, die Situation zu reflektieren und sich darüber bewusst zu werden, dass im Unterricht neben der fachlichen Vermittlung auch andere Impulse wirken. Diese spiegeln die gesellschaftlichen Verhältnisse wider. Wir sehen also, dass sich pädagogisch mehr vollzieht als die fachliche Frage, wie man Erörterungen richtig und gut schreibt. Dies hat unterschiedliche Gründe:

1. Die Arbeitsbündnisse zwischen Lehrer und Peer einerseits sowie Pelin andererseits sind unterschiedlich strukturiert. Peer wird zum Beispiel als jemand adressiert, der die Krise des Unterrichts (niemand meldet sich nach der Aufforderung von Herrn Kurz) zu lösen vermag. Herr Kurz ruft Peer auf, damit dieser seine Erörterung vorträgt, er wirbt um die Beteiligung des Schülers und lobt seine sachliche Ausführung. In dem vorweggenommenen Lob liegt gleichsam eine Entgrenzung: Herr Kurz lobt nicht die erbrachte Leistung, zu der er aufgefordert hat, sondern versichert Peer bereits im Vorfeld, dass er ein guter Schüler sei. Pelin wird von Herrn Kurz hingegen nur zögerlich das Wort erteilt, er geht sehr distanziert mit ihr um. Während sie sich eifrig meldet und bemüht ist, an die Reihe zu kommen, nimmt Herr Kurz zunächst andere Schüler/innen dran. Als er sie schließlich aufruft, macht er eher ein Zugeständnis („gut, dann (2) ja"). Dies stellt sich ebenfalls als gleichsam entgrenzend dar, weil er Pelin damit als jemanden positioniert, deren Beteiligung im Grunde unerwünscht ist.
2. Beide Schüler/innen tragen lebensweltlich unterschiedliche Orientierungen in die Klasse hinein. Peer zielt auf die Konstruktion eines Anspruchs auf Heimat und das sichere Gefühl, privilegiert zu sein; Pelin rekurriert auf die biografischen Verflechtungen mit der Fluchtgeschichte ihrer Familie und ihre Expertise als Praktikantin. Anhand der beiden Erörterungen kann also angenommen werden, dass Peer und Pelin vor den sehr unterschiedlichen

Hintergründen ihrer jeweiligen Lebenswelten handeln. Wenn nun der Lehrer einen immanenten Nachvollzug von Peers Position andeutet, Pelins aber als illegitim zurückweist, so steht gerade mit der biografischen Setzung, die in beiden Fällen gemacht wird, das jeweilige Lebensmodell der Lernenden zur Disposition. Bei der Erörterung geht es somit nicht mehr nur darum, ob diese technisch ausgereift ist, sondern ob die grundlegenden Orientierungen und Identifikationen anerkannt werden. Durch die Positivbewertung von Peer und die Negativbewertung von Pelin stellt Herr Kurz – möglicherweise ohne dies zu beabsichtigen – Nähen zu Peers Bezugsmilieu her, während er sich von Pelins Lebenswelt distanziert.

Mit ihren unterschiedlichen lebensweltlichen Orientierungen repräsentieren Peer und Pelin schließlich auch unterschiedliche Positionen in der Migrationsgesellschaft (hierzu mehr in Abschn. 3.3). Peer tritt als Repräsentant der Mehrheitsgesellschaft auf, der für oder gegen Zugehörigkeit von als fremd/anders positionierten Personen entscheiden kann. Pelin wird zur Sprecherin für Geflüchtete, die durch die Fluchtgeschichte ihrer Familie nicht selbstverständlich zugehörig ist und sich spezifische Chancenstrukturen erarbeiten (muss). Ihre Perspektive wird delegitimiert, indem ihr Versuch, sich vor ihrem biografischen Hintergrund als Expertin zu entwerfen, als gescheitert beurteilt wird. Nach dieser so zugespitzt zusammengefassten Rekonstruktionen sollen im Folgenden die dyadischen Arbeitsbündnisse jeweils für sich als Balanceverhältnis der Antinomien ‚Organisation-Interaktion' ‚Autonomie-Heteronomie' und ‚Nähe-Distanz' ausdifferenziert werden. Daran anschließend wird die Antinomie von ‚Organisation-Interaktion' sowie die von ‚Homogenisierung-Differenzierung' aufgegriffen, um beide Fälle miteinander in Relation zu setzen.

Das dyadische Arbeitsbündnis zwischen Herrn Kurz und Peer
Die in der Situation vorliegende Anordnungsstruktur („Wer liest seine Hausaufgaben vor?") lässt den Schüler/innen nur wenig Spielraum für Handlungsautonomie. Autonomiebestrebungen der Schüler/innen, die dieser – für Unterricht typischen – heteronomen Rahmung widersprächen – könnten in der Beobachtung bestehen, dass sich zunächst niemand meldet, um seine Hausaufgaben vorzutragen. Begreift man Unterricht als Interaktion, dann wird deutlich, wie sehr Lehrer/innen auch darauf angewiesen sind, dass Schüler/innen sich beteiligen und ihren „Job" (Breidenstein 2006) machen. In dem Moment, wo dieser „Job" verweigert wird, kommt es zu paradoxen Situationen – einerseits ruht in der Frage „Wer möchte vorlesen?" ein Handlungsspielraum, der Autonomie gewährt, andererseits ist die Autonomiegewährung in eine heteronome

Situation eingebunden: Die Schulstunde wird durch den Ablauf aus Hausaufgabenbesprechung, Wissensvermittlung, Hausaufgabenauftrag strukturiert. Die Heteronomie der Aufforderung, Peer möge nun bitte vorlesen, wird dann zwar durch das vorweggenommene Lob verschleiert, aber sich jetzt zu entziehen und auf seine autonome Entscheidungsfähigkeit nicht vorzulesen zu pochen, würde mit hoher Wahrscheinlichkeit als Leistungsverweigerung gewertet und Peer in eine prekäre Situation bringen.

Die Strategie, die der Lehrer zur Motivation des Schülers anwendet, liegt in der Herstellung von Nähe. Mit Blick auf die (oben bereits angedeutete) Nähe-Distanz-Antinomie kann gesagt werden: Der Lehrer wirbt geradezu um Peers Gunst, damit dieser seine Erörterung vortrage. Die spezifischen Anerkennungsstrukturen, die hier wirksam werden, machen deutlich, dass Peers lebensweltliche Bezüge für den Lehrer nachvollziehbar sind. Indem Herr Kurz schließlich die Erörterung formal positiv bewertet, erkennt er auch die Legitimität von Peers Argumentation an. Peers kulturrassistisch lesbare Distanzierungen von Geflüchteten rücken damit in die Nähe des Lehrers. Wenn man spekulativ annimmt, dass dieser intentional auf einer rein formalen Ebene bleiben wollte, so impliziert eben seine Positivbewertung dennoch auch eine soziale Nähe zur Äußerung des Schülers.

Das dyadische Arbeitsbündnis zwischen Herrn Kurz und Pelin
Während Herr Kurz Peer ‚umwirbt', seine Hausaufgaben vorzustellen, zeigt er in Bezug auf Pelin eine zögernde Haltung. Wie in der Fallanalyse beschrieben, meldet sich Pelin unmittelbar nach Peers Vortrag spontan, Herr Kurz ruft aber zunächst zwei andere Schülerinnen auf. Er erkennt Pelin nicht zu, eine spontane ‚Antwort' auf Peers Inhalte zu geben. Die Organisation der Schulklasse gewinnt damit Vorrang gegenüber der interaktiven Aushandlung von Erörterungsinhalten.

Damit distanziert sich Herr Kurz allerdings auch deutlich von Pelins Positionierung als Schülerin der Klasse. Das Lehrer/innenhandeln erfordert insbesondere bei vielen Meldungen durch Schüler/innen, das Handeln der einzelnen Schüler/innen und ihre Beiträge organisieren. Jede/r Lehrer/in hat eine Vielzahl von Möglichkeiten, dies zu tun: Er oder sie kann signalisieren, alle Schüler/innen zu Wort kommen zu lassen, und/oder eine Reihenfolge festlegen. Herr Kurz macht sein Handeln hier allerdings nur wenig transparent. Pelin hatte durchgängig signalisiert, einen Beitrag leisten zu wollen, wird darin jedoch zunächst zurückgewiesen. Dies zeigt sich – gerade im Kontrast zur Bezugnahme auf Peer –in der zögerlichen Art, wie der Lehrer ihr schließlich das Wort erteilt. Zu Pelin sagt er: „so weitere (9) gut, dann (2) #ja# (auffordernd) (4)". Die Aufnahme eines dyadischen und interaktiv ausgestalteten Arbeitsbündnisses erfolgt somit distanzierend.

4.2 Professionalisierungsstrategien und Arbeitsbündnisse ... 97

Und auch die Leistungsbewertung vermittelt schließlich deutliche Distanz, indem diese tendenziell negativ ausfällt.

Pelin meldet sich durchgängig, obwohl der Lehrer sie lange Zeit ignoriert. Dies und ihr Wortbeitrag, den sie trotz des Widerstandes hält, zeugen von einer ausgesprochenen Autonomiebehauptung. Zwar fügt sie sich in die organisationalen und heteronomen Rahmungen der Unterrichtsstunde (sie meldet sich, sie wartet, bis sie aufgerufen wird), aber sie bleibt bei ihrer Entscheidung, vorlesen und sich damit Gehör verschaffen zu wollen und positioniert sich schließlich mit einer konträren Argumentation gegenüber Peer, die vom Lehrer zuvor formal und latent auch inhaltlich anerkannt wurde. Pelin ist in diesem Zusammenhang die einzige Schülerin, die sich thematisch auf Peer bezieht und eine Gegenposition einnimmt, wohingegen die zuvor aufgerufenen Schüler/-innen andere Themen vorgetragen hatten. Dass die (vermeintlichen) formalen Schwächen der Argumentation dann auch inhaltlich abwertend gelesen werden, ist wiederum der „Choreographie" dieser Stunde geschuldet (vgl. auch 4.1): Der Lehrer zeigt nicht, wie Pelin hätte inhaltlich argumentieren können, um eine bessere Leistung zu erzielen, sondern geht zum nächsten Organisationspunkt über. Damit hält er sie ein weiteres Mal auf Distanz.

Verhältnisbestimmung der beiden Arbeitsbündnisse im antinomischen Gefüge

Haben wir oben sehr nah entlang der Praxisfälle argumentiert, so bietet der Vergleich der beiden Arbeitsbündnisse an dieser Stelle die Möglichkeit, sich stärker vom konkreten Fall zu lösen und die Bedeutung der Interaktionseinbettung in die antinomische Gestalt der Lehrer/in-Schüler/in-Beziehung zu reflektieren. Dazu resümieren wir kurz, was oben gezeigt wurde. Mit Blick auf die einzelnen Arbeitsbündnisse wurde jeweils die dyadische Beziehung zwischen Peer und Herrn Kurz sowie Pelin und Herrn Kurz in der Sprache der Theorie beschrieben. Die beiden Arbeitsbündnisse lesen sich als komplementär, was die Antinomien ‚Autonomie-Heteronomie' sowie ‚Nähe-Distanz' anbelangt. Dies verweist bereits auf etwas, das nun diskutiert werden soll: Gerade vor dem Hintergrund des Arbeitsbündnisses mit der Klasse findet einerseits eine Ungleich*behandlung*, andererseits eine ungleiche *Positionierung* der Schüler/innen statt.

Damit können wir auf die Antinomien hinsichtlich der Pluralisierung der Lebensformen, die in obigem Schaubild als „Heterogenität-Differenzierung" erscheint, und der „Organisation-Interaktion" zu sprechen kommen. So sind Peer und Pelin unterschiedlich in den organisationalen Ablauf eingebunden: Peer wird gebeten, seine Erörterung vorzulesen, Pelin meldet sich über mehrere Minuten hinweg nachdrücklich (mit Winkbewegungen und Geräuschen). Bei Peer wird geklatscht, bei Pelin nicht. Pelin wird der Redebeitrag zugestanden. Die Interaktion mit Peer ist durchweg (fast überbordend) anerkennend und nah, die Interaktion mit Pelin missachtet sie zunächst in ihrer Position als jemand, die durch einen Redebeitrag teilhaben möchte; als sie schließlich zu Wort kommt, wird ihrer Position allerdings die Legitimität entzogen (vgl. Abschn. 3.2).

Die emotionale Aufladung des Themas beinhaltet, dass beide Schüler/innen emotional argumentieren und die Sachebene immer wieder verlassen. Beide beziehen sich persönlich auf das Thema. Diese Mischung von Information und emotionalisierter Argumentation bringt die jeweiligen lebensweltlichen Bezüge zum Ausdruck. Die Heterogenität der Erfahrungen und Lebensweltorientierungen der Schüler/innen wird an diesem Beispiel sichtbar: Der eine tritt als Repräsentant der Mehrheitsgesellschaft auf und macht seine bisherigen Privilegien geltend (ein eigenes Zimmer, Besitz von vielen Dingen, genug zu essen, Gesundheit, ein sicheres Zuhause); die andere weist sich als ‚Sprachrohr' geflüchteter Menschen aus und beansprucht eine Geltendmachung universalistischer Handlungsprinzipien (internationale Solidarität). Sie verweist somit auf etwas, das ihr ihre Familie durch eigene Fluchterfahrungen mitgegeben hat, nämlich darauf, dass etwas, das Peer als selbstverständlich erachtet (die eigenen Privilegien) für sie hingegen keineswegs selbstverständlich ist. So zeigt sich, dass Heterogenität relational ist, sich also nur im Verhältnis bestimmen lässt. Dabei wird einerseits die Homogenisierung (Gleichaltrigkeit, ähnliche Leistungsfähigkeit) zum Bezugspunkt, andererseits die unterschiedliche lebensweltliche Erfahrungsgrundlage, die sozialen Klassifizierungen zugeordnet wird. In den Fallanalysen können wir eine doppelte Differenzierung wahrnehmen, die sich aus der Positionierung von Pelin und Peer ergibt:

Peers Leistung und Positionierung werden als positiv anerkannt, Pelins Leistung und Positionierung werden nicht gewürdigt. So entsteht das, was Bourdieu (2005, S. 18) eine „homologe Verkettung" nennt. Die Mechanismen sind in diesem Fall folgende: Peers als gut beurteilte Leistung wird als legitime Position gewertet, er scheint so zu Recht privilegiert; Pelins kritisierte Leistung kann weniger Legitimität beanspruchen, sodass ihr Ruf nach internationaler Solidarität als wie ein rein subjektiver Akt aussieht. Was dies rassismustheoretisch bedeutet, wurde in Abschn. 3.2 diskutiert.

> **Wichtig**
> Für diese Auseinandersetzung ist es wichtig zu zeigen, dass die Missachtung einer Positionierung und die anerkennende Heraushebung einer anderen – oder die einseitige Zuerkennung legitimer Positionen –, so latent sie auch immer sein mag, eine Arbeit am

Homogenisierungsprinzip der Schule darstellt. Das heißt: Schule ist hier darauf gerichtet, homogene Lerngemeinschaften zu konstruieren. Wenn ein Lehrer, wie Herr Kurz, nun eine Position anerkennt und eine andere entwertet, gilt die anerkannte Position als eine Art Maßstab der Leistungen, den die Schüler/innen in ähnlicher Weise erfüllen sollen. Die entwertete Leistung dient der Klassengemeinschaft als Gegenhorizont. Sie signalisiert eine als Gegenposition markierte Position. Die hergestellte lebensweltliche Nähe des Lehrers zu Peer bedeutet darin, dass Schüler/innen, die diese Nähe (zufällig oder absichtlich) herstellen, in der Schule positiv anerkannt werden – weil sie das Homogenitätsideal erfüllt haben.

Axel Honneth (1994) hat über Anerkennung geschrieben, dass diese immer zwei Seiten haben kann: Sie kann wertschätzend sein oder missachtend. Peer erfährt eine wertschätzende individuelle Anerkennung, denn er wird als Leistungsträger positiv im Klassenzusammenhang hervorgehoben. Der Fall Pelin wäre ein Beispiel für eine Missachtung, denn ihr wird nicht zugestanden, als Expertin zu sprechen; selbst die Achtung als Schülerin wird ihr nur zögerlich entgegengebracht. So wird in diesem Fall die Nicht-Zugehörigkeit zur Mehrheitsgesellschaft zweifach unterstrichen: Sie wird unter der Hand aus der Klasse ausgegrenzt und ihre Position wird delegitimiert (i. e. nicht als legitime Haltung anerkannt). Bourdieu et al. (1998) fassen dieses Phänomen als „interne Ausgrenzung": Pelin gehört als Schülerin zur Klassengemeinschaft, aber sie wird gleichzeitig von ihr ausgeschlossen.

4.2.3 Arbeitsbündnisse und pädagogisches Handeln in der Migrationsgesellschaft

Vor dem Hintergrund eines Ansatzes zur Professionalisierung haben wir deutlich gemacht, wie sich Arbeitsbündnisse zu Peer und Pelin theoretisch fassen lassen. Wir wollen im Folgenden noch einen weiteren Schritt der Abstraktion gehen und fragen, welche allgemeinen Bedingungen für professionelles Handeln in der Schule der Migrationsgesellschaft sich nachzeichnen lassen.

Ganz allgemein gesprochen veranschaulicht der dargelegte Fall, dass die Realität der Migrationsgesellschaft im Alltag der Schüler/innen ‚angekommen' ist: Sie setzen sich gedanklich damit auseinander, was Migration und Flucht für ihr Handeln bedeutet. Gleichzeitig spiegelt die Interaktion im Klassenzimmer

Widersprüche gesellschaftlicher Realität wider: Schulische Teilhabe für alle steht den hierarchischen Strukturen der Gesellschaft gegenüber. Obwohl migrationsgesellschaftliche Realität längst die Schule (wie die Gesellschaft) prägt, zeigen sich strukturelle Zurückweisungen. Damit liegt eine Paradoxie vor: Schule ist zwar nur als migrationsgesellschaftliche Institution und somit im transnationalen Zusammenhang zu begreifen (denn sie hat es nicht mehr nur mit künftigen Staatsbürger/innen zu tun). Hier wird diese Perspektive jedoch abgewehrt und es werden rassistisch codierte Ungleichheitsmechanismen reproduziert.

Das Klassenzimmer versammelt eine plurale Schüler/innenschaft, deren Biografien von vielfältigen Erfahrungen, Lebensentwürfen und Herkunftsgeschichten gekennzeichnet sind – dies gilt auch für den Fall aus Kap. 3. Neben Pelin und Peer besuchen zum Beispiel zwei Schüler/innen diese Klasse, deren Eltern als Kinder von Arbeitsmigrant/innen nach Deutschland gekommen sind – deren Großeltern also zu den Gastarbeiter/innen gehör(t)en. Es gibt Schüler/innen, die vom Land und solche, die aus der Stadt kommen, einige sind Kinder alleinerziehender Eltern, alle kommen aus Familien mit unterschiedlichen Beziehungskonstellationen oder Lebensentwürfen. Man kann sagen: Das Klassenzimmer bildet die gesellschaftliche Realität ab. Dazu gehört auch, dass nicht alle die gleichen Zugänge zu allen Bildungschancen haben (werden). Es wird Schüler/innen geben, die das Abitur machen, und solche, die ohne Abschluss von der Schule gehen – und wieder andere, die den Sekundarschulabschluss I oder II machen. Wenn wir dann nachvollziehen wollen, warum öffentlich gesagt werden kann: „Die Schule (re-)produziert soziale Ungleichheit", so lässt sich dies vor dem Hintergrund des Blicks in das Klassenzimmer ausdeuten. Das Beispiel von Peer zeigt, wie die Anerkennung als Leistungsträger ihm ermöglicht, nicht nur Teil der Klasse zu sein, sondern auch zu denen zu gehören, die besonders privilegiert sind. Als jemand, der also in der Klasse auch dokumentiert, privilegiert zu sein, werden ihm durch den Lehrer, Herrn Kurz, mehr Handlungsmöglichkeiten gewährt: Er wird gebeten zu sprechen, seine Haltung wird als legitim und exzellent anerkannt.

Interessanterweise sehen wir an den hier präsentierten Rekonstruktionen nun, dass Zugehörigkeitsbedingungen in den Arbeitsbündnissen verhandelt werden. Man kann sagen: In die Arbeitsbündnisse schreiben sich gesellschaftliche Diskurse über Zugehörigkeit ein. Neben der situativen Verhandlung über den Unterrichtsgegenstand – die Sache – treten weitere Aushandlungsgegenstände wie Zugehörigkeit, lebensweltliche Orientierungen, der Status als Migrant/in, die geschlechtliche Orientierung usw. Gleichzeitig zur Qualifikation, die in der Vermittlungs- und Prüfungssituation ermöglicht wird, findet in unserem Beispiel eine Verhandlung über die Rechtmäßigkeit der Teilhabe statt. Das Arbeitsbündnis mit Peer nimmt diese Rechtmäßigkeit als selbstverständlich. Peers Zugehörigkeit wird nicht hinterfragt, sie wird sogar besonders hervorgehoben. Es kommt ein Arbeitsbündnis zustande, das vordergründig um die Sache zentriert ist, dabei jedoch auch die lebensweltliche Orientierung in hohem Maße würdigt. Im Fall Pelin lässt sich demgegenüber fragen, ob es überhaupt zu einem Arbeitsbündnis im Sinne des wechselseitigen Eingehens einer Beziehung zwischen Lehrer/in und Schüler/in kommt. Denn ein Bündnis um einen gemeinsamen Gegenstand schließen Pelin und Herr Kurz nicht. Die Leistungsbewertung, die die Antwort von Pelin verkehrt, weist sowohl die Leistung als auch Pelins lebensweltliche Orientierung zurück. Pelin wird durch diese Bewertung marginalisiert. Damit ist dieses Arbeitsbündnis keines, in dem sich Lehrer/in und Schüler/in wechselseitig bestärken und bestätigen. Vielmehr kommt es zu Abwertungen und Zurückweisungen. Deshalb müssen wir hier von einem *prekarisierenden Arbeitsbündnis* sprechen. Hier wird der Schülerin die Möglichkeit verweigert, die das schulische Versprechen: als Gleiche unter Gleichen behandelt zu werden, negiert. Pelin wird zu einer Ungleichen gemacht.

Daran lässt sich schließlich ablesen, wie die spezifische Balance der Antinomien und die latente Verweigerung, ein vollgültiges Arbeitsbündnis mit Pelin einzugehen, den Eindruck vermittelt, dass Pelin weniger leistungsfähig sei – es kommt zu *Othering,* indem sie als Andere positioniert wird. In der ungleichen Balance der Antinomien liegt auch eine Ungleichbehandlung der Schüler/innen, die dem schulisch-systemischen Grundsatz der Gleichbehandlung widerspricht.

▶ Die Migrationsgesellschaft ruft die pädagogischen Handlungsantinomien nicht hervor, doch zeigt die Theoretisierung, dass sich pädagogische Beziehungen in der Migrationsgesellschaft mit dem begrifflichen Instrumentarium der Antinomien beschreiben lassen. In diesem Zusammenhang können auch die Antinomien noch einmal erweitert werden. Denn über die sich situativ einschreibenden Ungleichheitsstrukturen wird deutlich, dass die lebensweltlichen Nähen, die im Unterricht hergestellt werden, nicht nur durch die Antinomie von Nähe und Distanz zu erklären sind. Die reproduzierte Ungleichheit verweist auch auf eine institutionelle und gesellschaftliche Ungleichheit, die sich über Anerkennungs- und Missachtungsverhältnisse in den Unterricht einschreibt.

Die Reichweite dieser Strukturen wurde hier knapp skizziert. Sie soll im folgenden Kapitel noch einmal deutlicher hinsichtlich der systematischen und institutionellen Bedingungen von Professionalisierung in der Migrationsgesellschaft diskutiert werden.

4.3 Perspektiven auf Schule in der Migrationsgesellschaft

Die mediale Präsenz der Fluchtmigrationsbewegungen im Jahr 2015, in deren Kontext sich die „Erörterungsszene" aus dem dritten Kapitel einbetten lässt, zeigt, dass Migration immer wieder aufs Neue Fragen rechtlicher und sozialer Grenzziehungen aufwirft. Mit dem Beispiel von Flucht, das wir in diesem Band entfaltet haben, ist nur eine Dimension von Migration angesprochen, die parallel zu vielfältigen Migrationsbewegungen stattfindet. Wir haben bereits im ersten Kapitel auf diese vielschichtigen Formen verwiesen, die uns dazu bewegen, den Begriff der Migrationsgesellschaft zu nutzen. Gemeinsam ist diesen Prozessen von grenzüberschreitenden Bewegungen, dass mit ihnen eben Grenzen und damit auch Zugehörigkeit infrage gestellt werden. Dies gilt insbesondere für nationalstaatliche Grenzen, aber zum Beispiel auch für institutionelle Strukturen, in denen über Othering eine Dichotomie zwischen „uns" und „den Anderen" gezogen wird. Die Forderung der Zugehörigkeit von Migrant/innen kann so zum „Problem" für Schulen werden, die gerade nicht als Institutionen der Migrationsgesellschaft gestaltet werden. In den vorangehenden Kapitel haben wir dieses „Problem" von mehrheitsgesellschaftlich ausgerichteten Institutionen bereits skizziert, wie der monokulturelle und monolinguale Habitus der Schule, der zu vielfältigen Formen von Benachteiligungen führt. In diesem Teilkapitel sollen daher die Perspektiven des dritten Kapitels mit Blick auf eine Idee von Schule in der Migrationsgesellschaft reflektiert werden.

4.3.1 Rassismuskritik und Differenzsensibilität als Aufgaben für Schulentwicklung

Die Ausführungen zu institutioneller Diskriminierung haben gezeigt, dass die Idee von Ungleichbehandlung tief in die Institutionen des Bildungssystems eingeschrieben ist. Wie in den Kap. 2 und 3 bereits erläutert, wird dies an den Deutungen von Lehrer/innen und anderen pädagogisch Professionellen deutlich, die aus der jeweiligen Logik der Institutionen heraus handeln und vor diesem Hintergrund Bewertungen ihrer Schüler/innen vornehmen. Aus historischer Perspektive spielte die Tatsache, dass Schule zunächst eine Institution der „Volks-Bildung" war, in diesem Zusammenhang eine besondere Rolle. Das Volk einer Nation ist territorial auf Grenzen verwiesen, die im Fall von Migration herausgefordert werden (Geier 2018). Dass diese Grenzziehungen in Bezug auf Migration vor allem

4.3 Perspektiven auf Schule in der Migrationsgesellschaft

sozial erfolgen, zeigt sich am Beispiel der Zugangsberechtigungen zum Bildungswesen in zweifacher Weise: einerseits als struktureller Ausschluss (zum Beispiel über die Aussetzung der Schulpflicht für sogenannte „Flüchtlinge"), andererseits in symbolischen Formen der Exklusion, wie die Bezüge zur Sprache gezeigt haben. Die Entstehung und Verwendung von Begriffen wie „Migrantin", „Flüchtling" etc. führen dazu, dass Menschen systematisch zu Anderen gemacht werden, und dies unabhängig von eigenen biografischen Erfahrungen und Selbstverständnissen.

Insbesondere die diskriminierungs- und rassismuskritischen Ausführungen haben in diesem Zusammenhang darauf verwiesen, dass gesellschaftliche Wissensbestände, vermittelt über die Institution, sich auch im Handeln von Lehrer/innen abbildet. Dabei geht es nicht um einen Determinismus (also Ursache-Wirkungs-Zusammenhang), sondern um die Erkenntnis, dass Struktur und Individuum untrennbar miteinander verwoben sind. Welche Diskurse (wie im Fall der Fluchtmigration) dabei aufgegriffen werden und auf welche Weise sich Subjekte hierzu in ein Verhältnis setzen, ist dabei jeweils eine empirische Frage. Die theoretischen Erkenntnisse zu den Antinomien pädagogischen Handelns, zu Diskriminierung und Rassismus können wiederum zum Anlass genommen werden, um einen kritischen Umgang mit der eigenen Position zu entwickeln. Das würde im Sinne der in Kap. 1 beschriebenen Reflexiven Interkulturalität bedeuten, systematisch – auf der Grundlage theoretischen Wissens um mögliche Rassismen und Diskriminierungen – eine Perspektive zu entwickeln, die das eigene Handeln und die eigenen Deutungen reflexiv zugänglich macht. Aus Perspektive der Kritik an institutioneller Diskriminierung ist dies jedoch gerade nicht allein Aufgabe einzelner Pädagog/innen, sondern eine institutionelle Aufgabe. So schreibt der Sozialwissenschaftler und Publizist Mark Terkessidis pointiert zum Verhältnis von Person (hier: Pädagog/in) und Organisation in pädagogischen Institutionen:

▶ „Beim rassistischen Wissen ist nicht der Skandal, dass Pädagog_innen dieses Wissen haben – das ist letztlich angesichts der gesellschaftlichen Verhältnisse ‚normal'. Problematisch ist, dass diese Wissensbestände innerhalb der Organisationskultur nicht systematisch adressiert und reflektiert werden" (Terkessidis 2016, S. 451).

Die Feststellung, es sei „normal", rassistisches Wissen zu haben, verweist darauf, dass Lehrer/innenhandeln in gesellschaftliche Verhältnisse eingebettet ist, die sich auch in pädagogischen Institutionen widerspiegeln. Unsere Ausführungen zur Involviertheit pädagogisch Professioneller in Ungleichheitsverhältnisse bedeuten in der Konsequenz, dass Einzelpersonen nicht als Veränderungsakteure auftreten können, die der Gesellschaft kritisch gegenübertreten und sie gezielt verbessern. Die Verhältnisse können zwar von Einzelpersonen thematisiert und Veränderungsprozesse angestoßen werden, diese müssen jedoch innerhalb der organisierten Rahmungen der Institutionen zum Gegenstand des Nachdenkens werden.

▶ Die Rolle professionalisiert handelnder Pädagog/innen ist also immer in ihrem Zusammenwirken mit den institutionellen gesellschaftlichen Bedingungen zu betrachten. Es ist daher vor allem als institutionelle Aufgabe anzusehen, die eigenen Regeln der Organisation auf Formen von (rassistischer) Diskriminierung hin kritisch zu befragen.

In Institutionen der Migrationsgesellschaft sind professionell handelnde Pädagog/innen somit gefordert, ein reflexives Verhältnis zu (rassistischer) Diskriminierung zu entwickeln, wenn es auch hier darum gehen soll, die universalistischen Bildungsversprechen pädagogisch und organisatorisch einzulösen und zugleich Ungerechtigkeiten, die durch Benachteiligungsstrukturen entstehen, zu bearbeiten. In der Schulentwicklung sind dabei unterschiedliche Maßnahmen möglich (Rolff et al. 1997): Schulentwicklung kann in einem Top-down-Prozess erfolgen, d. h., Innovation wird gewissermaßen verordnet. Wenn z. B. rechtsverbindlich vorgeschrieben wird, dass alle Kinder, unabhängig von ihrem Aufenthaltsstatus einen Rechtsanspruch auf schulische Bildung haben, geht es auf der Ebene der Schulorganisation und auf der Ebene der Einzelschule darum, diese Verordnung umzusetzen. Gleichzeitig kann Schulentwicklung auch bottom-up (auch: Bastian 2004) erfolgen, d. h., Lehrer/innen einer Schule bzw. eine Einzelschule nehmen sich Entwicklungsaufgaben für ihre Schulprogrammarbeit vor und erarbeiten gemeinsame Strategien – z. B. zur Ermöglichung von Teilhabe geflüchteter Migrant/innen.

▶ In diesem Zusammenhang kann man die Annahme geltend machen, dass (rassistische) Diskriminierung dort reproduziert wird und besonders wenig Widerstand erfährt, wo eine Reflexion von Ungleichheitsverhältnissen nicht systematisch stattfindet. Das kann vorkommen, wenn – wie im dargestellten Fall – die Vermeidung eines politisch brisanten Themas wie Fluchtmigration im Unterricht gleichzeitig Ausdruck einer institutionalisierten Tabuisierung von Rassismus ist. Folglich wäre eine möglicherweise aussichtsreiche Perspektive, die Reflexion von (rassistischer) Diskriminierung auch in ihren institutionalisierten Formen zum Gegenstand auf alle Ebenen des Schulischen zu beziehen (Diehm und Radtke 1999). „Alle Ebenen" bedeutet schließlich auch, diese Reflexionen nicht auf das pädagogische Handeln im Unterricht zu beschränken, sondern die Einzelschule in einem umfassenden Sinn als soziales System in den Blick zu nehmen und Strategien zur Schulentwicklung entsprechend auszurichten.

Damit ist schließlich verbunden, über Erlasse und Regelungen wie Antidiskriminierungsrichtlinien hinaus eine reflexiv-kritische Position zu (rassistischer) Diskriminierung (Hormel und Scherr 2006) entwickeln, die das eigene Handeln reflektiert und danach fragt, wie es in alltäglichen pädagogischen Interaktionen zu Tabuisierungen von Rassismus oder Teilhabeverhinderung kommt. Vor diesem Hintergrund können Kollegien an Einzelschulen Strategien entwickeln, die ‚bottom-up' einen Beitrag zu einem differenzsensiblen und diskriminierungskritischen pädagogischen Handeln leisten.

4.3.2 Professionalisierungstheoretische Perspektiven

Betrachten wir an dieser Stelle noch einmal die Ebene des professionalisierten Handelns, so stellen sich Fragen des reflexiven Umgangs mit kulturalisierenden, ethnisierenden und rassistischen Zuschreibungen im Hinblick auf differenzsensibles Handeln erneut. Die professionalisierungstheoretischen Ausführungen, die anhand der Arbeitsbündnisse (Abschn. 4.1) gemacht wurden, zeigen, dass Schule immer von konstitutiven Widersprüchen durchzogen ist, die es als Lehrer/in zu bearbeiten gilt. Mit der Theorie der Arbeitsbündnisse wurde eine Perspektive auf den Fall eröffnet, die pädagogische Professionalisierung als Prozess denkt und die je spezifischen Beziehungen zwischen Lehrer/in und Schüler/in situativ und strukturell reflektiert. Insbesondere der Bezug auf das Verhältnis von Nähe und Distanz kann dabei zum Anlass für professionell Handelnde in pädagogischen Zusammenhängen genommen werden, um die eigenen normativen Annahmen – zum Beispiel über Flucht –systematisch zu hinterfragen. Über (berufs-)biografische Verortungen lässt sich zum Beispiel reflektieren, zu welchen Schüler/innen möglicherweise eine besondere Nähe bzw. Distanz empfunden wird. In Peers Fall deutete sich eine solche Nähe zur Lebenswelt des Lehrers an. Ein weiteres Beispiel hierfür ist Mehrsprachigkeit. Der monolinguale Habitus der Schule, der in Deutschland die deutsche Sprache als Bildungssprache voraussetzt, bedeutet erschwerte Bedingungen für Schüler/innen (und auch für Lehrer/innen), die sich in anderen Sprachen besser artikulieren können. Die Kommunikation in der gleichen Sprache stellt sich als gemeinschaftsstiftendes Moment zwischen Lehrer/in und Schüler/in dar. Diese Nähe kann das Verstehen der schulischen Inhalte für die Schüler/innen erleichtern. Sie muss jedoch ebenfalls als besonderes Näheverhältnis reflektiert werden – insbesondere in Zusammenhängen, in denen nicht selbstverständlich davon ausgegangen werden kann, dass alle Schüler/innen einer Klasse das gleiche (sprachliche) Näheverhältnis zur Lehrkraft herstellen können.

Kurzum: Lehrer/innen sind gefordert, sich mit der Frage auseinanderzusetzen, zu welchen Schüler/innen sie besondere Nähe- oder Distanzverhältnisse entwickeln. Nicht immer sind (familiäre) Migrationserfahrungen von Schüler/innen dafür bedeutsam. Doch zeigen die Fallanalysen, dass die unterschiedlichen Lebensweltorientierungen von Pelin und Peer auch unterschiedliche Nähe-Distanz-Relationierungen im Lehrer-Schüler/innenverhältnis begründen: Die Distanzierungsbewegungen, die Herr Kurz gegenüber Pelin vornimmt, gekoppelt mit der Nähe, die zu Peer hergestellt wird, führt zu Ungleichbehandlungen der Schüler/innen. Dass diese Ungleichbehandlung in diesem Fall auch ungerecht ist, zeigt nicht zuletzt die entfaltete Perspektive institutioneller Diskriminierung. Eine kritische Auseinandersetzung mit Diskriminierung und Rassismus vermag somit zur Lehrer/innenprofessionalisierung beizutragen. Sie hat jedoch wiederum nicht nur die Einzelperspektive einer Lehrer/in und einer Schüler/in zum Gegenstand, sondern die allgemeinen Bedingungen des Lehrer/innenhandelns in der Migrationsgesellschaft. Teil dieser Auseinandersetzung kann auch sein, ob und inwiefern Lehrer/innenkollegien selbst gesellschaftliche Vielfalt repräsentieren. Doch geht es dabei wiederum nicht um die Zuschreibung eines Expert/innenstatus zum Beispiel gegenüber den als „Migrant/innen" markierten Lehrer/innen (gegenüber mehrheitsgesellschaftlich verorteten Lehrer/innen) in Bezug auf Fragen der Diversität. Diversität ist hier Gestaltungsaufgabe der Professionalisierung und Professionsentwicklung. Nicht durch die prinzipielle Erhöhung der Anzahl von Lehrer/innen mit sogenanntem „Migrationshintergrund" wird Diskriminierung vermieden – im Gegenteil: Gerade diese politische Maßnahme kann selbst wieder zu Diskriminierungen führen (Akbaba et al. 2013). Vielmehr sollten Kollegien sich selbst befragen, inwiefern sich die diversen Lebensgeschichten und Lebensentwürfe von Schüler/innen (und Lehrer/innen) in den schulischen Strukturen widerspiegeln.

Sich aus professionalisierungstheoretischer Perspektive mit dem Handeln in der Migrationsgesellschaft zu befassen, ermöglicht, die konstitutiven Ambivalenzen pädagogischen Handelns zu verstehen. Verstehen meint in diesem Zusammenhang, den Nachvollzug von Handlungsweisen und sich daraus

4.3 Perspektiven auf Schule in der Migrationsgesellschaft

ergebenden Professionalisierungsproblematiken zu ermöglichen. Die Fokussierung auf die jeweiligen Arbeitsbündnisse nimmt dabei die Interaktionen zwischen Lehrer/in und Schüler/in genauer in den Blick und damit auch eine weitere Perspektive auf Prozesse, in denen Benachteiligungen (re-)produziert werden. Eine Strategie, dies in der Lehrer/innenbildung systematisch einzubinden, wäre, wie wir bereits vorgeschlagen und in diesem Band zu zeigen versucht haben, z. B. Fallarbeit bzw. kasuistische Lehre (Wernet 2006; Hummrich 2016a). In diesem Zusammenhang werden Fälle pädagogischen Handelns zum Reflexionsgegenstand. An ihnen können dann auch allgemeine Bedingungen pädagogischen Handelns reflektiert werden.

▶ Das Fallverstehen ermöglicht es, systematisch die Bedingungen pädagogischen Handelns zu reflektieren (Hummrich und Meier 2016). Es mit Blick auf Migration zum Gegenstand der Analyse zu machen, kann angehenden Lehrer/innen und Lehrerkollegien ermöglichen, Diskriminierungen und Ungleichheiten zu erkennen und systematisch – zunächst gedankenexperimentell – die Spannungen und Widersprüche der Herstellung von Differenz zu reflektieren. Reflexive Interkulturalität meint hier nicht, Best-Practice-Modelle zu finden, die sich vor dem Hintergrund von Fallbeispielen entfalten lassen. Zwar könnte man über Gedankenexperimente alternative Handlungsweisen entwerfen. Doch sind auch diese – wie jedes pädagogische Handeln – wieder normativ eingebunden (in institutionelle und gesellschaftliche Kontexte) und wären selbst auf Widersprüche zu rekonstruieren. Deshalb ist das Verstehen zunächst ein Nachvollziehen des So-und-nicht-anders-Gewordenseins einer Situation. Reflexive Interkulturalität wäre demnach ein Erkenntnisprozess über Praxis, der der Pädagogik, die ihre eigenen Entscheidungen treffen muss, vorausgeht und ihr gleichzeitig nachfolgt, indem weitere Situationen aus der Praxis als Fälle einer erneuten Analyse unterzogen werden (Hummrich 2016a). Dies wiederum bedeutet, dass die gesellschaftliche und institutionelle Produktion von Differenzen ebenso dynamisch ist wie die Migrationsgesellschaft selbst und auch Professionalisierung dazu auffordert, sich beständig (reflexiv) mit dieser Dynamik auseinanderzusetzen.

4.3.3 Reflexionen auf die Involviertheit von pädagogisch Professionellen in migrationsgesellschaftliche Verhältnissen

Die Herausforderung, eine Idee von Schule in der Migrationsgesellschaft zu entwickeln, bedeutet schließlich – das lässt sich am letzten Abschnitt nachvollziehen – eine Vorstellung davon zu haben, dass Schule sich innerhalb migrationsgesellschaftlicher (Ungleichheits-)Verhältnisse dynamisch entwickelt. Dies betrifft dann sowohl die Reflexion institutioneller Strukturen und Abläufe als auch pädagogisch-professionalisiertes Handeln. Fallarbeit und das damit verbundene Ziel, pädagogisches Handeln und institutionelle Bedingungen zu verstehen, können nun als eine wissenschaftliche Strategie verstanden werden, die Entwicklung von professionellem Handeln in der Schule der Migrationsgesellschaft zu betrachten. Doch erfordert Reflexion auch, sich mit der eigenen Rolle im (künftigen) Berufsfeld auseinanderzusetzen und ihre institutionellen Einbettungen vor dem Hintergrund der jeweiligen Kontexte zu verstehen. Dabei geht es zentral um die Frage, unter welchen je spezifischen Bedingungen Lehrer/innen und Schüler/innen lehren und lernen. Das heißt nicht nur, die Antinomien pädagogischen Handelns vor dem Hintergrund dieser migrationsgesellschaftlichen Verhältnisse zu betrachten (Abschn. 4.2, auch: Geier 2016, S. 192), sondern auch, die Reflexion der eigenen Position auf die gesamtgesellschaftlichen Bedingungen zu beziehen: Es ist also einerseits zu fragen, welche Stellung Lehrer/innen und Schüler/innen im jeweiligen institutionellen Gefüge einnehmen; andererseits ist auch ihre Position in der Gesellschaft insgesamt in den Blick zu nehmen. Dazu gehört, die eigene Position rassismus- und diskriminierungskritisch zu reflektieren. Zum Beispiel lassen sich die Fragen stellen: Wie werde ich als zukünftige/r Lehrer/in wahrgenommen? Gelte ich als „weiß"? Als „schwarz"? Als Migrant/in? Als Mehrheitsangehörige/r? Wie sehe ich mich selbst? Inwiefern bin ich (nicht) privilegiert?

Strukturelle Verhältnisse beeinflussen Selbstverständnisse, Deutungen und Handlungen und umgekehrt wirken diese wieder zurück. Mit Blick auf rassismuskritische Perspektiven müsste man also sagen, dass pädagogisch Professionelle unweigerlich in migrationsgesellschaftliche Verhältnisse involviert sind. Sie handeln in institutionellen Gefügen, verwenden Selbst-und Fremdbezeichnungen, reproduzieren auf diese Weise zum Beispiel dominante Diskurse über Flucht und Asyl, können dem aber auch etwas entgegensetzen. Eine reflexive Perspektive auf die eigene Involviertheit einzunehmen bedeutet schließlich, die Migrationsgesellschaft als Kontext für das pädagogische Handeln zu verstehen (Messerschmidt

4.3 Perspektiven auf Schule in der Migrationsgesellschaft

2016; Yildiz 2015). Die Idee der Reflexivität, die im vorangegangenen Teilkapitel umfassend entfaltet wurde, bietet einen wissenschaftsbasierten Zugang zur eigenen Involviertheit in strukturelle Ungleichheitsverhältnisse.

Wir haben hier zunächst aus scheinbar unterschiedlichen Perspektiven auf den im dritten Kapitel beschriebenen Fall geschaut. Dabei haben wir uns auf die Interaktionen sowie die institutionellen und strukturellen Bedingungen bezogen. Die jeweilige Perspektive, aus der der Gegenstand reflexiv betrachtet wurde, bietet je spezifische Erkenntnisse. Dies verdeutlicht zum einen die hohe Komplexität sozialer Wirklichkeit. Die theoretischen Zugänge können dieser Wirklichkeit kaum im Sinne eines umfassenden Verstehens pädagogischen Handelns gerecht werden. Im Rahmen unserer Ausführungen konnten wir zum Beispiel nur ansatzweise thematisieren, welche Interaktionen zur gleichen Zeit im Klassenraum stattgefunden haben, wer also in der Unterrichtsstunde mit wem wie kommuniziert hat, wer möglicherweise durch die dort rekonstruierten Formen von Diskriminierung verletzbar war usw. Die anderen Schüler/innen treten im Unterricht nur in Form des Klatschens in Erscheinung – hier zeigt sich, dass empirische Studien sich auf bestimmte Ausschnitte und Zugänge konzentrieren (müssen). Die einzelnen Sequenzen stellen in diesem Sinne eine Auswahl dar, die als Miniaturen des Sozialen die Möglichkeit bieten, grundlegende strukturelle Antinomien und Ungleichheiten zu fokussieren.

Wenn die theoretischen Bezüge zu Arbeitsbündnissen, institutioneller Diskriminierung und Rassismuskritik schließlich in einer reflexiven Perspektive zusammengedacht werden, können damit ganz unterschiedliche Dimensionen betrachtet werden, die für pädagogisches Handeln wichtig sind. Die Theorie pädagogischer Professionalität ist, wie sich zeigt, keine universalistische, sie ist also nicht überall und unter allen Umständen gültig, sondern muss vor dem Hintergrund der jeweiligen institutionellen und gesellschaftlichen Ungleichheitsverhältnisse in der Migrationsgesellschaft ausbuchstabiert werden. Die Analyse von Fällen gibt dabei nicht nur Aufschluss über die spezifischen institutionellen Strukturen, sondern auch über allgemeine Professionalisierungsanforderungen, die als strukturelles – und nicht als individuelles – Problem aufgefasst werden müssen. So kann ein Wissen von pädagogisch Professionellen um differenzsensibles Handeln, um die Ambivalenz der Anerkennung und um gesellschaftliche Ungleichheitsverhältnisse dazu beitragen, direkte Formen von Diskriminierung zu vermeiden. Zugleich wird deutlich, dass ein singuläres Wissen, das sich einzelne Lehrer/innen aneignen, wenig Veränderungspotenzial in Bezug auf institutionelle und gesellschaftliche Bedingungen bereithält. Gesamtgesellschaftliche Ungleichheitsverhältnisse verweisen schließlich auch darauf, dass man der eigenen Involviertheit in diese Machtstrukturen nicht entkommen, sondern sie nur reflexiv bearbeiten kann. Eine institutionelle Beschäftigung mit Ungleichheitsverhältnissen (wie Rassismus) und die hiermit verbundene Entwicklung eines Selbstverständnisses als Schule in der Migrationsgesellschaft macht diese Verhältnisse jedoch zumindest bearbeitbar. Professionstheorie(n) und Rassismustheorie(n) dabei zusammenzudenken, kann vielfältige Anschlüsse bieten, um diese Bearbeitungen anzustoßen.

Fragen zur Reflexion
- Sie haben wahrgenommen, wie sich ethnische Differenzierungen in die Schule einschreiben können. Denken Sie über eigene Beobachtungen pädagogischer Situationen nach. Inwiefern hat hier ethnische Differenzierung eine Rolle gespielt?
- Wie lassen sich von Ihnen beobachtete Szenen pädagogischen Handelns auf das Modell der Arbeitsbündnisse beziehen?
- Welche Hinweise gibt es in Bezug auf das Wirksamwerden institutioneller Diskriminierung und/oder mit Blick auf das vorgestellte Rassismuskonzept in den von Ihnen beobachteten Szenen?

Literatur zur Vertiefung

Gomolla, M., & Radtke, F.-O. (2002). *Institutionelle Diskriminierung. Die Herstellung ethnischer Differenz in der Schule*. Opladen: Leske+Budrich. (*In diesem Band geht es auf der Grundlage empirischer Analysen um die Frage, wie es zu einer systematischen Schlechterstellung von Migrant/innen im Bildungssystem kommt. Die Verfasserin und der Verfasser analysieren in diesem Zusammenhang Entscheidungsprozesse in schulischen Übergängen, wie die Schulaufnahme, Rückstellungen und Übergangsentscheidungen*).

Helsper, W. (1996). Pädagogisches Handeln in den Antinomien der Moderne. In H.-H. Krüger & W. Helsper (Hrsg.), Einführung in die Grundbegriffe und Grundfragen der Erziehungswissenschaft (S. 15-34). Opladen: Leske+Budrich. (*Dieser Aufsatz befasst sich mit grundlegenden Widerspruchsverhältnissen, in die schulisches Handeln eingebettet ist und die im schulischen Handeln gegenständlich sind. Dabei werden die Antinomien historisch hergeleitet und hinsichtlich ihrer Aktualität in schulischen Interaktionsbeziehungen erläutert*)

Leiprecht, R., & Lutz, H. (2009). Rassismus – Sexismus – Intersektionalität. In C. Melter & P. Mecheril (Hrsg.), *Rassismuskritik. Band 1. Rassismus und Rassismusforschung* (S. 179–198). Schwalbach, Ts.: Wochenschau (*Mit Blick auf Überschneidungen, Überlagerungen findet in diesem Beitrag eine systematische Einordnung zum Thema Rassismus und Sexismus statt. Dabei wird sich auch damit auseinandergesetzt, dass Rassismus und Sexismus in einem wechselseitigen Verweisungszusammenhang stehen*).
Supik, L. (2014). *Statistik und Rassismus: Das Dilemma der Erfassung von Ethnizität.* Frankfurt: Campus. (*Der Band stellt die wichtige methodische und theoretische Frage, inwieweit die wissenschaftliche Auseinandersetzung mit sozialen Ungleichheitskategorien – hier die Ethnizität – selbst einen Beitrag zu ihrer Reproduktion darstellt, und arbeitet dabei gelungen die Schwierigkeit der Erfassung von Kategorien ethnischer Differenz(ierung) heraus*).

Einzelnachweise

Akbaba, Y., Bräu, K., & Zimmer, M. (2013). Erwartungen und Zuschreibungen. Eine Analyse und kritische Reflexion der bildungspolitischen Debatte zu Lehrer/innen mit Migrationshintergrund. In K. Bräu V. Georgi, Y. Karakaşoğlu, & C. Rotter (Hrsg.), *Lehrerinnen und Lehrer mit Migrationshintergrund* (S. 37–58). Münster: Waxmann.
Arndt, S. (2017). Rassismus. Eine viel zu lange Geschichte. In K. Fereidooni & M. El (Hrsg.), *Rassismuskritik und Widerstandsformen* (S. 29–46). Wiesbaden: Springer VS.
Balibar, É. (1990). Gibt es einen Neo-Rassismus? In É. Balibar & I. Wallerstein (Hrsg.), *Rasse, Klasse, Nation. Ambivalente Identitäten* (S. 23–38). Berlin: Argument Classics.
Bastian, J. (2004). *Einführung in die Unterrichtsentwicklung.* Weinheim & Basel: Beltz.
Bourdieu, P., et al. (1998). *Das Elend der Welt.* Konstanz: UVK.
Bourdieu, P. (2005). *Die männliche Herrschaft.* Frankfurt a. M.: Suhrkamp.
Bourdieu, P. (2006). *Wie die Kultur zum Bauern kommt. Über Bildung, Klassen und Erziehung.* Konstanz: UVK
Breidenstein, G. (2006). *Teilnahme am Unterricht. Ethnographische Studien zum Schülerjob.* Wiesbaden: VS-Verlag.
Diehm, I., & Radtke, F.-O. (1999). *Erziehung und Migration. Eine Einführung.* Stuttgart: Kohlhammer.
Fend, H. (2006). *Schule gestalten. Systemsteuerung, Schulentwicklung und Unterrichtsqualität.* Wiesbaden: VS Verlag.
Geier, T. (2016). Reflexivität und Fallarbeit. Skizze zur pädagogischen Professionalität von Lehrerinnen und Lehrern in der Migrationsgesellschaft. In A. Doğmuş, Y. Karakaşoğlu, & P. Mecheril (Hrsg.), *Pädagogisches Können in der Migrationsgesellschaft* (S. 179–200). Wiesbaden: Springer VS.
Geier, T. (2018). *Grenze als soziales Verhältnis. Unterscheidungswissen und Unterscheidungspraktiken in pädagogischen Kontexten in der Migrationsgesellschaft.* Halle: unveröffentlichte Habilitation.
Gomolla, M. (2010). Differenz, Anti-Diskriminierung und Gleichstellung als Aufgabenfelder von Qualitätsentwicklung im Bildungsbereich. Konzeptionelle Überlegungen in Anlehnung an die Gerechtigkeitstheorie Nancy Frasers. *Tertium comparationis, 16*(2), 200–229.

Hall, S. (2000). Rassismus als ideologischer Diskurs. In N. Räthzel (Hrsg.), *Theorien über Rassismus* (S. 7–16). Hamburg: Argument.
Hamburger, F. (2009). *Abschied von der interkulturellen Pädagogik. Plädoyer für einen Wandel sozialpädagogischer Konzepte.* Weinheim: Beltz-Juventa.
Helsper, W. (1996). Pädagogisches Handeln in den Antinomien der Moderne. In H.-H. Krüger & W. Helsper (Hrsg.), *Einführung in die Grundbegriffe und Grundfragen der Erziehungswissenschaft* (S. 15–34). Opladen: Leske+Budrich.
Helsper, W., & Hummrich, M. (2008). Arbeitsbündnis, Schulkultur und Milieu. In G. Breidenstein & F. Schütze (Hrsg.), *Paradoxien in der Reform der Schule* (S. 43–72). Wiesbaden: VS Verlag.
Honneth, A. (1994). *Kampf um Anerkennung. Zur moralischen Grammatik sozialer Konflikte.* Frankfurt a. M.: Suhrkamp.
Hormel, U., & Scherr, A. (2006). Ungleichheiten und Diskriminierung. In A. Scherr (Hrsg.), *Soziologische Basics* (S. 181–186). Wiesbaden: VS Verlag.
Hummrich, M. (2016a). Was ist der Fall? Zur Kasuistik in der Erziehungswissenschaft. In M. Hummrich, A. Hebenstreit, M. Hinrichsen, & M. Meier (Hrsg.), *Was ist der Fall? Kasuistik und das Verstehen pädagogischen Handelns* (S. 13–39). Wiesbaden: Springer VS.
Hummrich, M. (2016b). Homogenisierung und Heterogenität. Die erziehungswissenschaftliche Bedeutung eines Spannungsverhältnisses. *Tertium Comparationis, 2016*(1), 39–57.
Hummrich, M., & Meier, M. (2016). Den Umgang mit Differenzen lehren. Über die Grenzen der Reflexion pädagogischer Praxis. In A. Doğmuş, Y. Karakaşoğlu, & P. Mecheril (Hrsg.), *Pädagogisches Können in der Migrationsgesellschaft* (S. 201–220). Wiesbaden: Springer VS.
Lamnek, S. (1992). *Qualitative Sozialforschung 2. Methoden und Techniken.* München: Psychologie Verlags Union.
Luhmann, N., & Schorr, K. (Hrsg.). (1985). *Zwischen Intransparenz und Verstehen. Fragen an die Pädagogik.* Frankfurt a. M.: Suhrkamp.
Mecheril, P. (2004). *Einführung in die Migrationspädagogik.* Weinheim: Beltz.
Messerschmidt, A. (2008). Pädagogische Beanspruchungen von Kultur in der Migrationsgesellschaft. Bildungsprozesse zwischen Kulturalisierung und Kulturkritik. *Zeitschrift für Pädagogik, 54*(1), 5–17.
Messerschmidt, A. (2016). Involviert in Machtverhältnisse. Rassismuskritische Professionalisierungen für die Pädagogik in der Migrationsgesellschaft. In A. Doğmuş, Y. Karakaşoğlu, & P. Mecheril (Hrsg.), *Pädagogisches Können in der Migrationsgesellschaft* (S. 59–70). Wiesbaden: Springer VS.
Oevermann, U. (1996). Theoretische Skizze einer revidierten Theorie professionalisierten Handelns. In A. Combe & W. Helsper (Hrsg.), *Pädagogische Professionalität. Untersuchungen zum Typus pädagogischen Handelns* (S. 70–183). Frankfurt a. M.: Suhrkamp.
Oevermann, U. (2001). Die Soziologie der Generationenbeziehungen und der historischen Generationen aus strukturalistischer Sicht und ihre Bedeutung für die Schulpädagogik. In R.-T. Kramer, W. Helsper, & S. Busse (Hrsg.), *Pädagogische Generationsbeziehungen* (S. 78–128). Opladen: Leske+Budrich.

Rolff, H.-G., Hansen, G., Klemm, K., & Tillmann, H.-J. (1997). *Jahrbuch der Schulentwicklung* (Bd. 9). Weinheim & Basel: Beltz.

Rommelspacher, B. (2009). Was ist eigentlich Rassismus? In C. Melter & P. Mecheril (Hrsg.), *Rassismuskritik, Band 1: Rassismustheorie und -forschung* (S. 25–38). Schwalbach: Wochenschau.

Terkessidis, M. (2016). Das Programm Interkultur und die Aufgabe der Bildung. In E. Arslan & K. Bozay (Hrsg.), *Symbolische Ordnung und Bildungsungleichheit in der Migrationsgesellschaft* (S. 441–456). Wiesbaden: Springer VS.

Wenning, N. (2013). Die Rede von der Heterogenität – Mode oder Symptom? In J. Budde (Hrsg.), *Unscharfe Einsätze: (Re-)Produktion von Heterogenität im schulischen Feld* (S. 127–150). Wiesbaden: Springer VS.

Wernet, A. (2006). *Hermeneutik, Kasuistik, Fallverstehen*. Stuttgart: Kohlhammer.

Yildiz, E. (2015). Postmigrantische Perspektiven auf Migration, Stadt und Urbanität. In T. Geisten, C. Riegel, & E. Yildiz (Hrsg.), *Migration, Stadt, Urbanität* (S. 19–32). Wiesbaden: Springer VS.

Migration und Bildung – weiterführende Perspektiven

5.1 Migration, Sprache und Teilhabe

Als wichtiges Thema im Zusammenhang mit Migration und Zugehörigkeit wurde das Thema Sprache erwähnt. An verschiedenen Stellen wurde darauf hingewiesen, dass das Bildungssystem lange Zeit eher abwehrend auf sprachliche Diversität reagiert hat (Gogolin und Duarte 2018), indem es am monokulturellen und monolingualen Unterricht festhielt – und bis heute noch festhält (vgl. Karakaşoğlu und Lüddecke 2004). Sprachkompetenz in der deutschen Sprache galt und gilt zwar als Voraussetzung der Teilnahme an Schule und Unterricht, entsprechende Sprachförderprogramme finden sich jedoch vor allem im Grund- und Hauptschulbereich (zu Modellen verschiedener Bildungssysteme siehe Dirim et al. 2008). Ergänzend war in einzelnen Bundesländern sogenannter „muttersprachlicher Unterricht" vorgesehen – also Unterricht in der Erstsprache der Kinder (vgl. Hummrich und Krüger-Potratz 2020).

In den 1990er und 2000er Jahren gab es verschiedene Modellversuche, die sprachliche Vielfalt fördern und schulische Teilhabe ermöglichen sollten. Hier sollen zwei davon herausgegriffen werden: Der Modellversuch „Lernen für Europa", der vom Landesinstitut Nordrhein Westfalen (1997) zu Beginn der 1990er Jahre durchgeführt wurde, baute auf den Säulen Spracherhalt, Sprachenlernen und Mehrsprachigkeit, interkulturelles Lernen und Lernen für Europa auf. Mehrsprachigkeit diente hier als Bildungsressource (Niedrig und Seukwa 2010). Obwohl dieses Projekt positiv evaluiert wurde, wurde es bildungspolitisch kaum weiterverfolgt. Ähnlich erging es dem recht bekannten Programm „FörMig – Förderung von Kindern und Jugendlichen mit Migrationshintergrund" (Gogolin und Duarte 2018). Das Besondere an diesem Projekt war, dass in *allen* Fächern Sprachförderung betrieben wurde – nicht nur im Fach Deutsch. Das Projekt, das mit dem Konzept der „durchgängigen Sprachbildung" (Gogolin und Lange 2011) arbeitet(e), berücksichtigt(e) die Diversität der Schüler/innen insbesondere im Hinblick auf Sprachkenntnisse und ermöglichte ihnen insofern umfassende Teilhabemöglichkeiten.

Den benannten Projekten ist gemeinsam, dass sie Schule als migrationsgesellschaftliche Realität auffassen und Mehrsprachigkeit insofern nicht als zu kompensierendes Defizit im Sinne fehlender Deutschkenntnisse, sondern als Voraussetzung für schulische Teilhabe *aller* denken.

Doch auch für Kinder, die – zum Beispiel aufgrund von Fluchtmigration – ins deutsche Schulsystem einmünden, finden sich nur vereinzelte schulische Bearbeitungsstrategien, ein einheitliches Sprachintegrationsprogramm gibt es bislang nicht. Dies zeigte sich insbesondere 2015, als mit dem Anstieg der Fluchtbewegungen nach Deutschland die Beschulung geflüchteter Kinder und Jugendlicher thematisiert wurde. In diesem Zusammenhang haben sich vielfältige Modelle herausgebildet (vgl. Dewitz und Massumi 2017; Massumi et al. 2015). Sie reichen von Formen der (temporären) Separation in Vorbereitungs- und Willkommensklassen und sogenannten DaZ-Zentren (Deutsch als Zweitsprache-Zentren) bis hin zu inklusiven Modellen der gemeinsamen Beschulung, bei denen sogenannte DaZ-Lehrkräfte unterstützend eingesetzt werden (zur sprachsensiblen Gestaltung im DaZ-Bereich siehe z. B. auch Danilovich und Putjata 2019).

Diese Ausführungen verdeutlichen, dass Sprache eng mit Macht verknüpft ist und in Bildungsinstitutionen über die ‚richtige', d.h. den als legitim geltenden Sprachgebrauch, reguliert wird (vgl. Mecheril und Quehl 2006). Die Erziehungswissenschaft widmet sich solchen Fragen in kritischer Weise, indem sie zum Beispiel danach fragt, wie über Sprache symbolische Ausschlüsse in Schule und Hochschule hergestellt werden. So untersucht Nadja Thoma die lebensgeschichtlichen Erzählungen von „migrantisch positionierte[n] Germanistik-Student*innen" (Thoma 2018, S. 14), indem sie entlang dieser Erzählungen Sprachbiografien rekonstruiert und Erfahrungen sprachlicher Teilhabe und Exklusion an Bildungsinstitutionen in den Blick nimmt. Eine besondere Fokussierung auf Bildungsgerechtigkeit nimmt ein von Anke Wegner und İnci Dirim (2016) herausgegebener Sammelband ein, der Fragen der Gestaltung von Schule und Unterricht im Spannungsfeld zwischen Monolingualität und Mehrsprachigkeit thematisiert. Exemplarisch soll hier schließlich ein Sammelband aus dem Jahr 2015 genannt werden (Thoma und Knappik 2015). Darin sind auch rassismuskritische und postkoloniale Beiträge zu finden, die sich empirisch und theoretisch mit Ausschlussmechanismen im Zusammenhang mit Sprache im Bildungsbereich auseinandersetzen.

5.2 Migration und Positionierungen pädagogisch Professioneller

Pädagogische Professionalität im Kontext von Migration wird unter anderem in interkulturell pädagogischen Ansätzen (Auernheimer 2003) diskutiert, die in diesem Buch bislang noch nicht entfaltet wurden. Dabei wird insbesondere Lehrer/innen eine hohe Bedeutung für eine erfolgreiche Integration beigemessen. Unter dem Stichwort „interkulturelle Kompetenz" wird weiterhin verhandelt, inwiefern die „Vielfalt im Klassenzimmer" (Prengel 2006) als allgemeine Bedingung akzeptiert ist. Mit solchen Ansätzen erweist sich Diversität auch im Hinblick auf die Zusammensetzung professionell pädagogischer Teams bedeutsam (zum Beispiel insofern als Migrant/innen positionierte Lehrer/innen an Schulen unterrichten (z. B. Auernheimer 2003). In diesen Zusammenhängen wird häufig betont, dass mit der eigenen Migrationserfahrung pädagogisch Professioneller ‚interkulturelle Kompetenz' bereits vorausgesetzt werden könne.

Diese Vorstellung kommt zum Beispiel dann zum Ausdruck, wenn die Verantwortung einer diversitätssensiblen Gestaltung von Vielfalt den als Migrant/innen positionierten Lehrpersonen übertragen wird. Erziehungswissenschaftliche Perspektiven betrachten dieses Verständnis, das Professionalisierung an eigene Migrationserfahrungen knüpft und somit den Erwerb interkultureller Kompetenz als einen biografischen Automatismus unterstellt, gezielt (Fereidooni 2012; Akbaba et al. 2013).

Eine Studie, die sich kritisch mit solchen Adressierungen an Lehrer/innen auseinandersetzt, ist die Dissertationsstudie von Yalız Akbaba (2017). Die ethnografisch angelegte Studie beschäftigt sich diskurstheoretisch mit der Produktion von Ethnizität und berücksichtigt dabei in besonderer Weise Zurückweisungen und Widerstand von Lehrer/innen, die mit der machtvollen Zuschreibung ‚mit Migrationshintergrund' konfrontiert sind.

Differenziert beschreibt auch etwa Dorothee Schwendowius (2015) die Ambivalenzen solcher Erwartungen, die an Migrant/innen und als Migrant/innen Positionierte gerichtet werden. Sie arbeitet anhand lebensgeschichtlicher Erzählungen von „Lehramtsstudierenden mit ‚Migrationsgeschichte'" (ebd., S. 526) heraus, dass diese gesellschaftlichen Erwartungen vor dem Hintergrund verschiedener biografischer Erfahrungen und Selbstentwürfe auf sehr unterschiedliche Weise von den biografischen Subjekten aufgenommen und ausgestaltet werden. Dass sich bei einigen der interviewten Studierenden eine „spontane Affinität zu der Rolle als Integrationsvorbild und Mittler*in" deutlich wird, lässt, so Schwendowius, nicht den Schluss zu, dass dies automatisch mit einer erhöhten kritischen Reflexivität in Bezug auf Diskriminierung einhergeht (vgl. ebd. S. 527). So führen auch „eigene Diskriminierungserfahrungen im Bildungssystem nicht per se zu einer inklusionsorientierten, macht- und diskriminierungskritischen ‚Haltung' im Feld der Schule (…)" (ebd., S. 528). Vielmehr sind dafür theoretische Deutungsangebote notwendig, die eine reflexive Bearbeitung und Re-Interpretation dieser Erfahrungen erst ermöglichen (vgl. ebd.).

Die Entwicklung pädagogischer Professionalität stellt (angehende) pädagogische Professionelle damit in unterschiedlicher Weise vor die Herausforderung, die eigenen Erfahrungen zu reflektieren. In diesem Buch wurde bislang vor allem die Reflexion mehrheitsgesellschaftlicher Dominanz und ‚weißer' Positionen pädagogisch Professioneller thematisiert. Doch auch der Umgang mit eigenen Diskriminierungserfahrungen, zum Beispiel im Zusammenhang mit Fremdzuschreibungen als Expert/in für migrationsspezifische Fragen im institutionellen Kontext, ist mit wichtigen Reflexionsereignissen hinsichtlich pädagogischer Professionalität verbunden.

5.3 Migration und die Debatte um schulische Leistungen

Wohl kaum ein anderes Thema der Migrationsforschung ist in der Bildungsforschung der letzten 20 Jahren so intensiv diskutiert worden wie die Leistungsfähigkeit von Kindern und Jugendlichen, die als Migrant/innen positioniert werden. Dies ist unter anderem durch quantitative Untersuchungen wie die PISA-Studien begründet, die seit 2000 regelmäßig feststellen, dass Kinder und Jugendliche mit sogenanntem „Migrationshintergrund" schlechtere Leistungen erbringen als diejenigen, denen kein „Migrationshintergrund" attestiert wird (Deutsches PISA-Konsortium 2001). Die Erklärungsversuche für diese unterschiedlichen Ergebnisse sind vielfältig (zum Überblick: Diefenbach 2011). Dass dies vor allem als Hinweis für die systematische Schlechterstellung von Migrant/innen und als Migrant/innen positionierten Schüler/innen gelesen werden kann, überraschte in Teilen der Migrationsforschung kaum. Dort war bereits viele Jahre vorher diskutiert worden, dass Migrant/innen mit vielfältigen Formen struktureller Diskriminierung konfrontiert sind. Herauszuheben ist in diesem Zusammenhang die im vorliegenden Band bereits mehrfach benannte Studie zu „institutioneller Diskriminierung", die in den 1990er Jahren untersuchte, inwiefern in schulische Leistungsbeurteilungen Annahmen über die Leistungsfähigkeit von sogenannten Migrantenkindern und -jugendlichen einfließen (Gomolla und Radtke 2002). Auch Ergebnisse des 12. Kinder- und Jugendberichts unterstützen diese Ergebnisse: Kinder aus sogenannten

Migrantenfamilien sind häufiger von Rückstellungen und Sitzenbleiben betroffen, sie werden bei gleichen Leistungen eher auf niedrigere Schulformen als deutsche Kinder verwiesen, ihr Anteil ist an Hauptschulen überproportional hoch und an Gymnasien überproportional niedrig (Helsper und Hummrich 2005).

Dass Migrant/innen und als Migrant/innen Positionierte im Bildungssystem unterschiedlichen Diskriminierungserfahrungen ausgesetzt sind, können unter anderem biografieanalytische Studien herausarbeiten, die Diskriminierungserfahrungen im Kontext lebensgeschichtlicher Erzählungen untersuchen (vgl. Hummrich 2009; Riegel 2006; Mannitz 2006; Schwendowius 2015). Diese Studien nehmen zum Teil auch explizit eine intersektionale Perspektive ein und fokussieren insofern auch die Verschränkung unterschiedlicher Differenzlinien (wie *class, gender, race*). Auch ethnografische Studien nehmen Diskriminierungsmechanismen in den Blick, indem sie die Praktiken der Differenzherstellung fokussieren. Hier ist exemplarisch die Studie von Olga Artamonova (2016) zu nennen, die mithilfe eines ethnografischen Designs die Herstellung natio-ethno-kultureller Zugehörigkeit an Hauptschulen untersucht und die unterrichtliche Kommunikation auch zu außerschulischen Kommunikationen von Hauptschüler/innen ins Verhältnis setzt.

5.4 Migration und die Sozialisationskontexte Familie und Peergroup

Neben der Schule sind die Beziehungen zur Familie und zu Gleichaltrigen und deren Bedeutung für das Aufwachsen von als Migrant/innen markierten Kindern und Jugendlichen relevant. Hierzu soll auf ausgewählte Studien eingegangen werden.

Familie wird im Zusammenhang mit Migration häufig in einer Problemperspektive diskutiert. Insbesondere Studien aus den 1970er und 80er Jahren zu Migration und Bildung enthalten Defizitkonstruktionen über „Migrantenfamilien", die zum Beispiel entlang von Traditionalität und einem geringen sozioökonomischen Status verlaufen (vgl. kritisch hierzu: Hamburger 1994). Das schlechtere Abschneiden wurde dabei nicht nur mit der Behauptung geringerer Leistungsfähigkeit (s. o.) erklärt, sondern es wurde daraus abgeleitet, dass die Disparitäten herkunftsbedingt seien. Damit stand auch die familiale Erziehung im Licht der Diskussion um Leistungsfähigkeit. Im Nachgang internationaler Leistungsvergleichsstudien wie der PISA-Studie hat diese kulturalistische Perspektive eine neue Konjunktur erfahren (Blossfeld et al. 2012) und wurde durch antimuslimische Diskurse im Anschluss an die Ereignisse um den 11. September 2001 noch verstärkt (siehe Benz 2017, S. 517 ff.).

Sekundäranalysen zu den PISA-Studien (bspw. Schümer et al. 2004) haben allerdings gezeigt, dass das Merkmal „mit Migrationshintergrund" für den Bildungserfolg nicht isoliert betrachtet werden kann. Viel wichtiger scheint in diesem Zusammenhang der sozioökonomische Hintergrund der Kinder und Jugendlichen zu sein. Das bedeutet: Kinder, deren Eltern als Migrant/innen gelten, schneiden ähnlich gut ab wie Kinder, deren Eltern nicht als Migrant/innen gelten – vorausgesetzt diese Eltern werden einem privilegierten Milieu zugerechnet. Gehören die Eltern zu einem weniger privilegierten Milieu, ist die Erfolgswahrscheinlichkeit ihrer Kinder geringer. Das heißt: Der sogenannte „Migrationshintergrund" scheint statistisch viel weniger bedeutsam, als es einige Auslegungen der PISA-Studie nahelegen.

Eine Studie, die sich aus rassismuskritischer Perspektive Konstruktionen von Familie und Elternschaft widmet, verfasste Michael Tunç (2018). Darin untersucht er „ethnisch minorisierte Gruppen von Vätern" (ebd., S. 19 f.) und Konstruktionen von Vaterschaft und Männlichkeit rassismuskritisch und intersektional. Die Studie kommt unter anderem zu dem Schluss, dass die „komplexe Gemengelage individueller, familiärer und struktureller Einflussfaktoren der Lebenssituation der Väter mit Migrationshintergrund/PoC [i.e. People of Color, d.A.] aktuell zu oft von der kulturalisierenden Defizitperspektive auf Familien und Väter mit Migrationshintergrund überlagert [wird, d. Verf.]" (ebd., S. 393).

Dass sich die Defizitperspektive auf sogenannte Migrantenfamilien so hartnäckig hält, verwundert nicht zuletzt vor dem Hintergrund, dass in den letzten 20 Jahren auch andere Studien entstanden sind, die im Hinblick auf Bildung gerade die Komplexität familialer Unterstützungsstrukturen hervorheben. So zeigt eine eigene Studie (Hummrich 2002), dass junge Migrantinnen ihre Familie vornehmlich als sehr bedeutsam bezüglich der Unterstützung ihrer Bildungsambitionen erlebt haben (auch: Hummrich 2009). Ähnliches arbeiten Ursula Boos-Nünning und Yasemin Karakaşoğlu (2003) heraus, indem sie besonders auf die hohen Bildungsaspiration junger Frauen mit sogenanntem Migrationshintergrund hinweisen. Auch Badawia (2002) stellt heraus, dass Familie von sogenannten bildungserfolgreichen Migrant/innen als Unterstützungsfaktor erlebt wird. Die Familie kann also im Fall von Bildungserfolg als sehr chancenhaft erlebt werden – auch dann, wenn die Eltern jeweils weniger Chancen auf die Teilhabe an formaler Bildung hatten. Umgekehrt ist anzunehmen, dass im Fall problematisch verlaufender Bildungskarrieren die Familie ihr Unterstützungspotenzial nicht entfalten oder keine chancenhafte Unterstützung liefern kann (vgl. Hummrich 2001; Pott 2001).

Anschlussfähig sind in diesem Zusammenhang auch Studien, die sich mit den erweiterten sozialen Netzwerken außerhalb der Familie befassen (Yildiz und Hill 2015; Terkessidis 2017) und auf die Bedeutsamkeit von *Gleichaltrigenbeziehungen* verweisen (Spies 2010). Dabei kann unter anderem gezeigt werden, dass Gleichaltrigenbeziehungen eine hohe Relevanz für Selbstentwürfe haben. Besondere Aufmerksamkeit genießen dabei immer wieder Fragen zur Bedeutung von Männlichkeitskonstruktionen unter Peers im Zusammenhang mit Migrationserfahrungen. Tertilt (1996) stellt in diesem Zusammenhang schon früh heraus, dass der Rückzug in eine Jugendgang mit spezifische Konstruktionen von Männlichkeit zusammenhängt, diese Konstruktionen andererseits einen vorübergehenden Status aufweisen und reflexiv als durchaus ermöglichend für die Gestaltung der eigenen Biografie erlebt werden können. In ihrer Studie zu „Migration und Männlichkeit" pointiert Spies (2010) die je gewählten „ethnisierten" Rückzugsräume als Ausdruck von Protest gegen dominanzgesellschaftliche Zuschreibungen. So können entsprechende Konstruktionen auch zu Selbstermächtigungsprozessen führen.

Auch neuere Analysen verweisen darauf, dass die Peergroup häufig als Kontrast zur Familie erlebt wird, indem ein positiv bestärkender Bezug zu ihr hergestellt wird (Kämpfe und Westphal 2017). Zu Peergroupbezügen von Mädchen, die als Migrant/innen positioniert werden, gibt es verhältnismäßig wenige Studien. Entsprechende Studien beschäftigen sich beispielsweise mit der Bedeutung der Peergroup für den schulischen Erfolg von als Migrantinnen positionierten Schülerinnen (Lüdemann et al. 2012; Aktan et al. 2015). Dort wird herausgearbeitet, dass sich Mädchen zur Ermöglichung des schulischen Erfolgs auf kollektive Orientierungen in der Gleichaltrigengruppe beziehen.

5.5 Unterschiedliche Kontexte und Arten der Diskriminierung

In diesem Band fand vor allem eine Thematisierung von Differenz und Ungleichheit in der Schule statt. So wurde anhand der Auseinandersetzung mit institutioneller Diskriminierung gezeigt, dass die ethnisierende Bewertung von Schüler/innen, die als Migrant/innen positioniert werden, den ‚Migrationshintergrund' als Erklärung für die schlechtere schulische Bewertung heranzieht (Hormel 2010). Dass Diskriminierungsorte und -formen unterschiedlich sein können, hat sich in den vorangehenden Ausführungen bereits angedeutet. An dieser Stelle soll mit Bezugnahme auf die Kinder- und Jugendhilfe noch einmal vertiefend auf die Thematisierung anderer Diskriminierungsorte als der Schule (z. B. Kindertagesbetreuung, sozialpädagogische Kontexte) und auf unterschiedliche Diskriminierungsformen eingegangen werden.

Betz (2008) analysiert etwa, dass im Vorschulalter insbesondere als Migrant/ innen Positionierten der Kindergartenbesuch dringend nahegelegt wird – auch wenn es formal keine Kindergartenpflicht gibt. Bollig und Kelle (2009) verweisen auf unterschiedliche Bewertungshorizonte für Kinder, die als nicht deutsch wahrgenommen werden, im Vergleich zu als ‚einheimisch' geltenden Kindern bei der Schuleingangsuntersuchung. Diehm et al. (2013) verweisen darauf, dass in Sprachscreenings, die z. B. in Nordrhein-Westfahlen für alle Kinder im Kindergartenalter verpflichtend durchgeführt werden, gerade die gleiche Methodik als Referenz das Problem ist: Der monolingual verfasste Test berücksichtigt gerade keine Mehrsprachigkeit. Eine vermeintliche Objektivierung verkennt die Ermöglichungsstruktur von Mehrsprachigkeit und schreibt somit Defizite zu, wo möglicherweise Kompetenzen bestehen. Bewertungshorizonte, wie Kelle und Bollig sie auf der Ebene der Interaktionen und Praktiken wahrnehmen, deuten sich damit auch auf institutioneller Ebene an: Die systematische Schlechterstellung von Kindern, die als Migrant/innen positioniert werden, ist bereits im Kindergartenalter angelegt (auch Diehm et al. 2015).

Für die Jugendhilfe spricht Melter (2006, 2015) vom „sekundären Alltagsrassismus". Dies bedeutet, dass rassistische Erfahrungen, von denen Jugendliche in Einrichtungen der Jugendhilfe erzählen, von professionell Handelnden häufig heruntergespielt und entthematisiert werden. Im Zusammenhang mit jugendlicher Gewalt werden als Migrant/innen markierte Personen durch die Wahrnehmung der Sozialarbeitenden häufig im Lichte kulturrassistischer Zuschreibungen wahrgenommen (Schramkowski und Ihring 2018). Darüber hinaus zeigen sich auch in der Jugendhilfe Diskriminierungen im Sprechen über Kulturalität und Interkulturalität (Hamburger 2009; Hummrich 2017a).

Diese Beispiele belegen, dass das gesamte gesellschaftliche Erziehungssystem von Diskriminierung durchzogen ist. Das entlastet die Schule nicht, sondern verweist darauf, dass diese als Institution der Gesellschaft ähnliche Ungleichheitsstrukturen beinhaltet wie andere pädagogische Institutionen – ja, wie die Gesellschaft insgesamt. Vor diesem Hintergrund offenbart sich noch einmal die funktionale Bedeutung der Differenzierung und die Widersprüchlichkeit des Bildungsversprechens „für alle". Denn die Reproduktion sozialer Ungleichheiten im und durch das Bildungssystem bedeutet gleichzeitig den Erhalt bzw. die Tradierung der gesellschaftlichen Strukturen. So finden sich in Deutungen von Lehrer/innen Annahmen über Schüler/innen, die die Folgen sozialer Ungleichheit den Schüler/innen und ihren Familien anlasten (Hamburger 2005; Hormel 2010; Hummrich 2009). Die Positionierung als Migrant/in wird in diesem Kontext von Lehrer/innen häufig als Defizit verstanden (Weber 2003). Es kommt zu

Diskriminierung, die sich in die Beziehungen von Lehrer/innen und Schüler/innen einschreibt (Hummrich 2009, 2017a).

Viele Formen von Diskriminierung konnten, das wurde im zweiten Kapitel bereits thematisiert, in diesem Buch leider nicht weiter ausgeführt werden. Im Zusammenhang mit Migration soll jedoch zumindest der antimuslimische Rassismus nicht unerwähnt bleiben, da er in besonderer Weise mediale Aktualität beansprucht. Mit den Terroranschlägen in New York am 11. September 2001 erreichten Bedrohungsängste, die sich auf den Islam richten, einen „Kristallisationspunkt" (Benz 2017, S. 518), der semantisch zu weiteren kulturalisierenden Defizitkonstruktionen über ‚die' Muslime verdichtet wurde (vgl. ebd., S. 517 ff.). Als ein solches diskursives Ereignis, in dem antimuslimischer Rassismus insbesondere medial zu beobachten war, kann auch die Silvesternacht in Köln genannt werden, in der der sexualisierten Gewalt gegen Frauen mit kulturrassistischen und antimuslimischen Deutungen begegnet wurde: „‚Köln' steht also auch für die Behauptung, dass bestimmte Migranten nicht integrierbar sind, sich nicht integrieren wollen und dass es ‚irgendwie' doch fundamental unüberwindliche Differenzen zwischen Kulturen gibt" (Hark und Villa 2017, S. 10).

Schon Said hatte darauf aufmerksam gemacht, dass es „die muslimische Identität" nicht gibt (Castro Varela 2015, S. 312). Gleichwohl wird im Zusammenhang mit institutionellen Erziehungsprozessen und rassistischen gesellschaftlichen Tendenzen immer wieder auf den Islam als Bedrohung verwiesen (Attia 2009; Attia und Keskinkılıç 2016). Diskursiv wird so eine „religiöse Identität" – gewissermaßen als Repräsentationsform des/der Muslim/as – hervorgebracht. Diese Hervorbringung „ist aber nicht ein zufälliges Phänomen. Sie ist auf eine konstitutive Art und Weise mit der Hervorbringung eines ‚nicht muslimischen' Wir-Narrativs verbunden" (vgl. Mecheril 2012, S. 45). Dies zeigt, dass Religion innerhalb einer hegemonialen Zuordnung entsteht, die „einen symbolischen Raum schafft, in dem Exklusion und Dominanz jenseits von politischen normativen Paradigmen legitimiert werden können" (ebd., S. 46). Dabei wird eine Unterscheidung von innen (christliches Abendland) und außen (muslimischer Orient) vorgenommen, die nicht nur Gegenstand rechtspopulistischer „Montagsspaziergänge" (Keskinkılıç 2015) ist, sondern sich auch in gesellschaftliche Diskurse um Zugehörigkeit und Teilhabe einschreibt. Antimuslimischer Rassismus, der eine besondere Form des *Othering* darstellt (in Kap. 2 wurde dazu mit Verweis auf Balibar der Begriff des „Rassismus ohne Rassen" gebraucht), schafft somit eine binäre Konstruktion von christlichen/atheistischen Deutschen oder Europäer/innen und Muslim/innen, die auch in schulischen Kontexten untersucht wird (Shooman 2014; Karakaşoğlu und Wojciechowicz 2017). Religion und Religiosität werden hier zum kulturrassistischen Differenzmarkierer (Riegel 2012).

Eine postkoloniale und rassismustheoretisch fundierte Analyseperspektive kann letztlich auch dazu beitragen, Migrationsforschung als Kritik (Mecheril et al. 2013) zu betreiben und dabei insbesondere die Frage zu stellen, inwiefern die Forschung selbst zum Erhalt der hegemonialen Ordnung beiträgt. Auch hier soll eine Studie exemplarisch genannt werden, die sich dezidiert mit dem Gegenstand auseinandersetzt. Yasemin Shoomans diskursanalytische Studie mit dem Titel „‚... weil ihre Kultur so ist'. Narrative des antimuslimischen Rassismus" (2014) beinhaltet eine Auseinandersetzung mit Narrativen, in denen ‚die' Muslime konstruiert und diskursiv vergeschlechtlicht werden. Die Autorin weist auf zeitlich überdauernde und flexible Eigenschaften von antimuslimischem Rassismus hin, was für erziehungswissenschaftliche Zusammenhänge insbesondere vor dem Hintergrund der Reproduktion solcher Wissensbestände im Zusammenhang mit Bildungskontexten interessante Anschlussüberlegungen produziert.

5.6 Die Bedeutung postkolonialer Theorien in der erziehungswissenschaftlichen Migrationsforschung

Andeutungsweise wurde bereits – zum Beispiel mit dem Begriff des *Othering* (Abschn. 1.3) und dem Verweis auf die Bedeutung kolonialer Wissensproduktion angesichts globaler Ungleichheitsverhältnisse auf postkoloniale Theorien (Kap. 2) Bezug genommen. Dort haben wir das Anliegen von Vertreter/innen postkolonialer Theorien wie Homi K. Bhabha, Edward Said und Gayatri Chakravorty Spivak referiert, globale Machtverhältnisse zu kritisieren. Aus Sicht postkolonialer Theorie(n) – dies macht etwa Said in seinem Buch „Orientalismus" (2003/1978) deutlich – stellt sich Wissensproduktion über den „Orient" als machtvolle Aneignung von Wissensbeständen durch den „Okzident" dar (vgl. Castro Varela 2015, S. 309).

Auch auf die identitätsbildenden Merkmale von Rassismus und seiner engen Koppelung mit kolonialer Wissensproduktion wurde bereits im zweiten Kapitel verwiesen. Hier soll nochmals Stuart Hall (1999) zu Wort kommen, der schreibt: „Die Engländer sind nicht deshalb rassistisch, weil sie die Schwarzen hassen, sondern weil sie ohne die Schwarzen nicht wissen, wer sie sind" (ebd., S. 93). Eine solche Erfindung der Anderen weist ihnen, so könnte man in Rückgriff auf Said formulieren, einen unbestimmbaren Status zu, auf dessen Grundlage sie dämonisiert oder exotisiert werden. In solchen Repräsentationen, die auch Spivak analysiert, geht es nicht darum, *wer* sich hinter den als ‚anders' markierten tatsächlich verbirgt, sondern *was* sie repräsentieren (Castro Varela und Dhawan 2015). Menschen als Migrant/innen zu positionieren, sie als anders zu markieren *(Othering)* und sie damit als Fremde zu bezeichnen, bedeutet also, Ausschlussmechanismen geltend zu machen, die auf historisch hervorgebrachten Machtstrukturen basieren (Niedrig und Seukwa 2010).

Exemplarisch sei hier eine Studie genannt, die sich theoretisch mit Postkolonialismus auseinandersetzt. Floris Biskamp (2015) greift auf die postkolonialen Theorieansätze von Bhabha, Said und Spivak zurück, nutzt sie für eine kritische Reflexion antimuslimischen Rassismus und entwickelt hieraus selbst wiederum rassismuskritische Perspektiven. Damit werden verschiedene Zugänge theoretisch reflektiert.

Auch der wissenschaftliche Anspruch des Verstehens der Andersheit des Anderen muss – ebenfalls in der Erziehungswissenschaft – als Teil einer hegemonialen, europäischen und ‚weißen' historisch gewachsenen Ordnung verstanden und daraufhin reflektiert werden, inwiefern Wissenschaft selbst diese hegemonialen Verhältnisse reproduziert (zur postkolonialen Reflexion interkultureller Pädagogik siehe Baquero Torres 2009).

Patricia Baquero Torres (2012) zeigt darin die Potenziale postkolonialer Wissenschaftskritik auf, die insbesondere in der intersektionalen Betrachtung – z.B. mit Blick auf Geschlecht und Kultur – einen relationalen Begriff von Differenz nutzbar macht (vgl. ebd., S. 320 ff.). Intersektionale Ansätze eignen sich in besonderer Weise für ein solch flexibles Verständnis in der Analyse von Differenzproduktion (vgl. Leiprecht und Kerber 2005; Gutiérrez Rodríguez (2003).

5.7 Flucht und Grenze in pädagogischen Kontexten

▶ „Gayatri Chakravorty Spivak mahnt in ihren Schriften immer wieder, sich die Figur des double bind – der doppelten Bindung – zur Hilfe zu nehmen, um diese Art von Verstrickungen besser verstehen zu können. Das klassische Bild, welches die doppelte Bindung illustriert, ist das Kind auf dem Schoß der Mutter. Die Mutter sagt dem Kind: „Ich liebe dich!" und gibt dem Kind gleichzeitig eine Ohrfeige. Übertragen auf das Solidarisch-Sein vieler Menschen in Europa liest sich das für Geflüchtete so: Es wird „ihr seid alle willkommen!" gerufen, doch gleichzeitig müssen sich die willkommen Geheißenen einem gewaltvollen, rassistischen

Registrierungs- und Ordnungsregime unterwerfen und auch rassistische Übergriffe im Alltag ertragen." (Castro Varela 2018, S. 6).

In einigen Fallbeispielen, die in diesem Buch präsentiert wurden – etwa dem Arbeitsblatt für den Sachunterricht im ersten Kapitel, aber besonders auch im Fallbeispiel aus dem dritten Kapitel – ging es um das Thema Flucht. Erwähnt wurde, dass Kinder in diesem Zusammenhang mit unterschiedlichen rechtlichen Statuszuweisungen konfrontiert sind: Asylbewerber/innen, Geduldete, Menschen mit und ohne Aufenthaltsgenehmigung (Eisenhuth 2015). Damit gehen unterschiedliche Berechtigungen zur Teilhabe einher – z. B. am Schulsystem, aber auch an staatlichen Hilfen zur Erziehung. Nun wurde in diesem Band vor allem das pädagogische Handeln in der Migrationsgesellschaft behandelt. Doch stellt Flucht auch einen besonderen Fall von Migration dar (vgl. u. a. Scherr und Inan 2017), der in sozialwissenschaftlichen Studien aus unterschiedlichen Perspektiven untersucht wird. Zum Beispiel beschäftigen sich sozialwissenschaftliche Studien mit Grenzen und Grenzregimes – wie infolge des „langen Sommer der Migration" (Hess et al. 2017). Dabei wird deutlich, dass Flucht Grenzen problematisiert. Es geht dabei nicht nur um nationalstaatliche Grenzen, sondern auch um die Einhaltung der demokratischen Versprechungen, allen Menschen Freiheit zuzusichern – und dies unter den Bedingungen postkolonialer Verhältnisse, in denen auch (kriegerische) Konflikte eben jene Freiheitsversprechen fraglich werden lassen (vgl. Hess und Karakayali 2017). In Deutschland bedeutet die Migration von „hunderttausenden Flüchtlingen" (Benholz et al. 2016) zugleich, dass pädagogische Institutionen in ihren eigenen Grenzkonstruktionen befragt werden und sich damit selbst befragen müssen, wie Teilhabe gewährt werden kann.

Die Forschungslage zu diesem Thema ist (noch) wenig systematisch (ein kritischer Überblick hierzu: Sievers 2019). Betrachten wir exemplarisch Studien, die in diesem Zusammenhang erschienen sind, so lässt sich zunächst mit dem allseits proklamierten Begriff der ‚Willkommenskultur' beginnen.

Eine explorative Studie von Geier (2018) verweist auf die Ambivalenz der hiermit eingehenden Vorstellungen des Willkommenheißens von Geflüchteten und ihrem Niederschlag in einem rasanten Anstieg ehrenamtlichen Engagements in der sogenannten Flüchtlingshilfe. Dabei arbeitet er heraus, dass nicht nur Solidarität ein Motor dieses Engagements ist, sondern darin auch eine paternalistische Haltung gegenüber den Geflüchteten zum Ausdruck kommt. In diesem Paternalismus reproduziert sich zugleich – so eine Kritik von Franz Hamburger (2016) – eine zentrale Ambivalenz des gesellschaftlichen Umgangs mit Fluchtmigration, die vor allem politisch sichtbar wird: Die Reklamation von Menschenrechten und der Anspruch ihrer Realisierung („Wir schaffen das") scheint nicht bedingungslos, sondern wird überlagert von staatlichen Eigeninteressen (Ermöglichung der Zuwanderung von Facharbeiter/innen; Erklärung von mehr Ländern zu ‚sicheren Herkunftsländern', Sicherung der EU-Außengrenzen), denen im Zweifel Vorrang gewährt wird (ebd.).

Mit Blick auf außerschulische Kontexte ist hier der aktuelle Band „Flucht. Herausforderungen für Soziale Arbeit" (Bröse et al. 2017) zu nennen, der kritische Perspektiven auf die soziale Arbeit versammelt und sich daher für eine kritische Lektüre zum pädagogischen Umgang mit Flucht eignet. Im Bildungssystem wird Fluchtmigration wie oben bereits erwähnt seit einigen Jahren mit Willkommensklassen, DaZ-Klassen, Auffangklassen begegnet – dies sind nur einige Begriffe, mit denen hier eine teilweise oder gänzliche Herausnahme der „neu zugewanderten" Kinder und Jugendlichen erfolgt (vgl. Massumi 2016).

Natasha Khakpour (2016) verdeutlicht in diesem Zusammenhang, dass bereits die Bezeichnungen „Seiteneinsteiger/in", „Quereinsteiger/in" usw. darauf verweisen, dass es sich nicht um Schüler/innen handelt, die als „Normalfall (…) erwartet" werden (ebd., S. 151). Sie fragt nach der sich damit verbindenden hegemonialen Konstruktion – also der Machtförmigkeit dieser Bezeichnungen – und arbeitet heraus, dass insbesondere geflüchtete Kinder und Jugendliche zu Repräsentationsfiguren der Seiteneinsteiger/innen werden: Ihre Autonomiespielräume werden dadurch eingeschränkt, indem sie „als Seiteneinsteiger_innen *positioniert* werden" (ebd., S. 158, Hervorh. i. Orig.).

Auch explorative Studien zeigen auf, dass pädagogisches Handeln im Umgang mit geflüchteten Schüler/innen von Lehrer/innen fordert, nicht nur Sprachvermittler/innen, sondern auch Mediatoren weiterer Hilfen und lebensweltlicher Orientierungen sein zu können (Frenzel et al. 2016).

5.8 Migration, Nationalismus und Transnationalisierung – ein Ausblick

Dieser Band legt den thematischen Schwerpunkt vor allem auf deutschsprachige Diskurse um Migration. In den vorherigen Kapiteln wurde besprochen, dass die Reproduktion von gesellschaftlicher Ungleichheit ein konstitutives Element von Schule – man könnte auch sagen – des Bildungssystems insgesamt ist (Hummrich 2017a). Mit Blick auf Deutschland wird deutlich: Die öffentliche (mediale) Markierung der sogenannten „Kinder mit Migrationshintergrund" (Stošić 2017) als Verantwortliche der „Bildungskatastrophe" nach PISA ist Teil pädagogischer Diskurse und Praktiken. Dass sich solche lokalen Diskurse mit globalen Ungleichheitsverhältnissen verschränken und insofern nicht nur als ‚deutsches'

Phänomen gerahmt werden können, kommt zum Beispiel in der Thematisierung postkolonialer und rassismuskritischer Referenzen zum Ausdruck. Mit diesem Hinweis soll nicht in Abrede gestellt werden, dass die weltweite Verschulung der Gesellschaft (Baker 2014) auch dazu geführt hat, dass die Vererbung des sozialen Status aus historischer Perspektive abgenommen hat. Neben dem ‚postkolonialen Einwand' wird ein solcher Fortschrittsoptimismus allerdings auch dadurch gebremst, dass im internationalen Vergleich je spezifische Teilhabebegrenzungen von Schule hervortreten, die durch die jeweiligen gesellschaftlichen und historischen Bedingungen kontextualisiert werden müssen (Hummrich und Rademacher 2012). So bestehen zum Beispiel in Deutschland und den USA sehr unterschiedliche Konzepte von Zugehörigkeit im Kontext von Ethnizität. Während in Deutschland Diskurse um ‚Migrationshintergründe' in schulische Zugehörigkeitsordnungen eingelassen sind, finden sich in den USA häufige Unterscheidungen entlang von ‚race' und ‚ethnicity', die auch schulische Diskurse zu Herkunft und Zugehörigkeit prägen (vgl. Bös 2005; Hummrich 2019). Vergleichende erziehungswissenschaftliche Untersuchungen widmen sich solchen Differenzierungsformen und beleuchten ihre institutionellen und gesellschaftlichen Dimensionen in verschiedenen Ländern (z. B. Adick 2013; zum Überblick: Parreira do Amaral und Amos 2015). Mit Bezug auf Migration sind hier besonders die Studien von Gomolla (2005), Gogolin (2005), Hormel und Scherr (2004) sowie eigene Forschungsprojekte (z. B. Hummrich und Terstegen 2017; Hummrich 2019; Schwendowius 2019) zu nennen. Vergleichenden Studien ist gemeinsam, dass sie reflektieren müssen, welche Dimensionen des Vergleichs sie heranziehen und auf welche Weise diese – also z.B. die Herstellung migrationsspezifischer Diversität und Ethnizität – in je spezifischen gesellschaftlichen Kontexten konstituiert sind.

Die Ausdehnung des Erziehungssystems und die Etablierung einer ‚Bildung für alle' hat dazu geführt, dass Diskriminierung nicht mehr ausschließlich über biologische, essenzialistische oder geburtsrechtliche Perspektiven erfolgt und vielfach von kulturellen Defizitannahmen ersetzt wird (Balibar 1990a; Hummrich 2017a). Gleichzeitig lässt sich an der Art der schulischen Involviertheit in migrationsgesellschaftliche Verhältnisse zeigen, dass diese immer wieder auf die nationale Verfasstheit von Schule verweist. Diese wird jedoch – auch das hat dieser Band gezeigt – dadurch unterlaufen, dass die Gesellschaft sich schon längst nicht mehr als eine durch ein Volk gekennzeichnete Nationalgesellschaft beschreiben lässt, sondern eine Migrationsgesellschaft ist. Fragen nach dem „pädagogischen Können in der Migrationsgesellschaft" (Doğmuş et al. 2016) müssen unterschiedliche Dimensionen von Diskriminierung in den Blick nehmen. Eine solche Perspektive bedeutet jedoch, dass Schule auch in inter-und transnationale

Prozesse eingebunden ist: Sie wird als Institution mit Institutionen anderer Länder verglichen (Stichwort z. B. PISA-Studie), bereitet Schüler/innen auf Teilhabe an internationalen Werdegängen vor (z. B. durch Austausch- und Kooperationsbeziehungen) und die schulischen Akteur/innen repräsentieren selbst die Diversität der Migrationsgesellschaft. Man kann hier sagen, dass es Schule als nationalgesellschaftliches Projekt auf vielen Ebenen mit „grenzüberschreitenden Verflechtungen" (Pries 2010) zu tun hat. Mit diesen Themen werden sich Vorhaben zu pädagogischer Professionalisierung – und in der Schule auch zu Schulentwicklung – künftig auseinanderzusetzen haben (Holzbrecher 2013). Adressat/innen pädagogischer Programme sind schließlich nicht mehr die (Kinder der) ‚Migrant/innen', sondern alle Kinder und Jugendlichen. Grundlage einer gemeinsamen Gestaltung von Schule und Unterricht kann zum Beispiel ein gerechtigkeitstheoretischer Ansatz sein, der Teilhabe und Zugehörigkeit als demokratische Bedingung pädagogischer Zusammenhänge versteht (Schwendowius 2019).

Solche erziehungswissenschaftlichen Zugänge zu pädagogischem Handeln, die sich mit Transnationalisierung beschäftigen (Pfaff 2018), verdeutlichen bereits heute, dass transnationale Orientierungen von Schulen insbesondere dann als chancenhaft gelten, wenn Internationalisierung etwa den Austausch mit dem globalen Norden ermöglicht, während pädagogische Zusammenhänge, die von Transnationalisierung durch Flucht und Migration betroffen sind, eher als Herausforderung thematisiert werden (Hummrich 2017b). Künftige pädagogische und forschungsbezogene Ansätze, die sich auf die Folgen der Migration für Bildung und Erziehung beziehen, werden zu fragen haben, inwiefern sich die nationale Gebundenheit von Schulen als Institutionen durch die benannte doppelwertige transnationale Entwicklung verändert und welche neuen Privilegierungs- und Benachteiligungsstrukturen sich daraus ergeben. Vor diesem Hintergrund werden postkoloniale Theorien noch einmal deutlicher als bislang auf Schule zu beziehen und Rassismus in seinen übergreifenden (globalen) Strukturen für Schule zu reflektieren sein.

Literatur zur Vertiefung

Castro Varela, M. d. M., & Mecheril, P. (Hrsg.) (2016). *Die Dämonisierung der Anderen. Rassismuskritik der Gegenwart*. Bielefeld: Transcript (*In diesem Band werden rassismuskritische Perspektiven versammelt und unterschiedliche Formen von Rassismus wie antimuslimischer Rassismus in den Blick genommen*).
Fereidooni, K., & El, M. (Hrsg.). (2017). *Rassismuskritik und Widerstandsformen*. Wiesbaden: Springer VS (*In diesem Band sind aktuelle erziehungswissenschaftliche Studien

zu unterschiedlichen Formen von Rassismus versammelt; zugleich finden sich reflexive Auseinandersetzungen mit dem Anspruch rassismuskritischer Perspektiven).

Gogolin, I., & Krüger-Potratz, M. (2018). *Einführung in die Interkulturelle Pädagogik.* Opladen: Barbara Budrich (*Neben einer grundständigen Einführung in Konzepte Interkultureller Pädagogik setzt sich der Band auch mit der Bedeutung von Sprache für Bildungsprozesse auseinander*).

Massumi, M., Dewitz, N., Grießbach, J., & Terhart, H. et al. (2015). Neu zugewanderte Kinder und Jugendliche im deutschen Schulsystem. https://www.mercator-institut-sprachfoerde-rung.de/fileadmin/Redaktion/PDF/Publikationen/MI_ZfL_Studie_Zugewanderte_im_deutschen_Schulsystem_final_screen.pdf. Zugegriffen: 13. June 2018 (*Dieser Beitrag in einer Onlinepublikation liefert wichtige Hinweise über aktuelle Programme der sprachlichen Integration und setzt sich vor diesem Hintergrund mit schulischer Teilhabe auseinander*).

Reuter, J., & Mecheril, P. (Hrsg.). (2015). *Schlüsselwerke der Migrationsforschung. Pionierstudien und Referenztheorien.* Wiesbaden: Springer VS (*Hier findet sich eine grundlegende Übersicht über „Klassiker" der Migrationsforschung*).

Einzelnachweise

Adick, C. (Hrsg.). (2013). *Bildungsentwicklungen und Schulsysteme in Afrika, Asien, Lateinamerika und der Karibik.* Münster: Waxmann.

Akbaba, Y. (2017). *Lehrer*innen und der Migrationshintergrund. Widerstand im Dispositiv.* Weinheim: Beltz Juventa.

Akbaba, Y.; Bräu, K., & Zimmer, M. (2013). Erwartungen und Zuschreibungen. Eine Analyse und kritische Reflexion der bildungspolitischen Debatte zu Lehrer/innen mit Migrationshintergrund. In K. Bräu, V. Georgi, Y. Karakaşoğlu, & C. Rotter (Hrsg.), *Lehrerinnen und Lehrer mit Migrationshintergrund* (S. 37–58). Münster: Waxmann.

Aktan, O., Hippmann, C., & Meuser, M. (2015). „Brave Mädchen"? Herstellung von Passfähigkeit weiblicher Peerkulturen durch Schülerinnen und Lehrkräfte. *GENDER – Zeitschrift für Geschlecht, Kultur und Gesellschaft, 7*(1), 11–28.

Artamonova, O. V. (2016). *„Ausländersein" an der Hauptschule. Interaktionale Verhandlungen von Zugehörigkeit im Unterricht.* Bielefeld: Transcript.

Attia, I. (2009). *Die „westliche Kultur" und ihr Anderes. Zur Dekonstruktion von Orientalismus und antimuslimischem Rassismus.* Bielefeld: Transcript.

Attia, I., & Keskinkılıç, O. (2016). Antimuslimischer Rassismus. In P. Mecheril (Hrsg.), *Handbuch Migrationspädagogik* (S. 168–182). Weinheim: Beltz.

Auernheimer, G. (2003). *Einführung in die interkulturelle Pädagogik* (3. neubearbeitete u. erweiterte Aufl.). Darmstadt: Wissenschaftliche Buchgesellschaft.

Badawia, T. (2002). *Der dritte Stuhl.* Frankfurt a. M.: IKO-Verlag für Interkulturelle Kommunikation.

Baker, D. (2014). *The schooled society: The educational transformation of global culture.* Stanford: University Press.

Balibar, É. (1990a). Gibt es einen Neo-Rassismus? In É. Balibar & I. Wallerstein (Hrsg.), *Rasse, Klasse, Nation. Ambivalente Identitäten* (S. 23–38). Berlin: Argument Classics.

Baquero Torres, P. (2009). *Kultur und Geschlecht in der Interkulturellen Pädagogik. Eine postkoloniale Re-Lektüre.* Frankfurt a. M.: Lang.
Baquero Torres, P. (2012). Postkoloniale Pädagogik. Ansätze zu einer interdependenten Betrachtung von Differenz. In J. Reuter, & A. Karentzos (Hrsg.), *Schlüsselwerke der Postcolonial Studies* (S. 315–326). Wiesbaden: VS Verlag.
Benholz, C., Frank, M., & Niederhaus, C. (Hrsg.). (2016). *Neu zugewanderte Schülerinnen und Schüler – eine Gruppe mit besonderen Potenzialen.* Münster: Waxmann.
Benz, W. (2017a). Antiislamische Diskriminierung. In A. Scherr, et al. (Hrsg.), *Handbuch Diskriminierung* (S. 511–527). Wiesbaden: Springer VS.
Benz W. (2017) Antiislamische Diskriminierung. In A. Scherr, A. El-Mafaalani, & E. Gökcen Yüksel (Hrsg.), *Handbuch Diskriminierung* (S. 511–528). Wiesbaden: Springer Reference Sozialwissenschaften & Springer VS.
Betz, T. (2008). *Ungleiche Kindheiten. Theoretische und empirische Analysen zur Sozialberichterstattung über Kinder.* Weinheim: Juventa.
Biskamp, F. (2015). *Orientalismus und demokratische Öffentlichkeit. Antimuslimischer Rassismus aus Sicht postkolonialer und neuerer kritischer Theorie.* Bielefeld: Transcript.
Blossfeld, H.-P., Bos, W., Daniel, H.-D., Hannover, B., Lenzen, D., Prenzel, M., Roßbach, H.-G., Tippelt, R., & Wößmann, L. (2012). *Internationalisierung der Hochschulen. Eine institutionelle Gesamtstrategie* (1. Aufl.). Münster: Waxmann.
Bollig, S., & Kelle, H. (2009). Kinderkörper in der Praxis. Ein Forschungsprojekt zur Kulturanalyse von entwicklungsbezogenen kindermedizinischen Untersuchungen. *L.O.G.O.S. Interdisziplinär. Fachzeitschrift für Logopädie und angrenzende Dispizinen 16*(2), 108–113.
Boos-Nünning, U., & Karakaşoğlu, Y. (2003). Kinder und Jugendliche mit Migrationshintergrund und Sport. In W. Schmidt, I. Hartmann-Tews, & W.-D. Brettschneider (Hrsg.), *Erster Kinder- und Jugendsportbericht* (S. 319–338). Schorndorf: Hofmann (Deutscher Kinder- und Jugendsportbericht, 1.2003).
Bröse, J., Fraas, S., & Stauber, B. (2017). *Flucht. Herausforderungen für die Soziale Arbeit.* Wiesbaden: Springer VS.
Castro Varela, M. d. M. (2015). Koloniale Wissensproduktionen. Edwards Saids „interpretative Wachsamkeit" als Ausgangspunkt einer kritischen Migrationsforschung. In J. Reuter & P. Mecheril (Hrsg.), *Schlüsselwerke der Migrationsforschung. Pionierstudien und Referenztheorien.* Wiesbaden: Springer VS.
Castro Varela, M. d. M. (2018), „Das Leiden der Anderen betrachten". Flucht, Solidarität und Postkoloniale Soziale Arbeit. In J. Bröse, S. Faas, & B. Stauber (Hrsg.), *Flucht. Herausforderungen für Soziale Arbeit* (S. 3–20). Wiesbaden: Springer VS.
Castro Varela, M. d. M., & Dhawan, N. (2015). *Postkoloniale Theorie. Eine kritische Einführung* (2., komplett überarbeitete und erweiterte Aufl.). Bielefeld: Transcript.
Danilovich, Y., & Putjata, G. (Hrsg.). (2019). *Sprachliche Vielfalt im Unterricht. Fachdidaktische Perspektiven auf Lehre und Forschung im DaZ-Modul.* Wiesbaden: Springer VS.
Deutsches PISA-Konsortium (2001). *PISA 2000.* Opladen: Leske + Budrich.
Dewitz, V. v., & Massumi, M. (2017). Schule im Kontext aktueller Migration. Rechtliche Rahmenbedingungen, schulorganisatorische Modelle und Anforderungen an Lehrkräfte. In N. McElvany, A. Jungermann, W. Bos, & H. G. Holtappels (Hrsg.), *Ankommen in der Schule: Chancen und Herausforderungen bei der Integration von Kindern und Jugendlichen mit Fluchterfahrung* (S. 27–40). Münster: Waxmann.

Diefenbach, H. (2011). Der Bildungserfolg von Schülern mit Migrationshintergrund im Vergleich zu Schülern ohne Migrationshintergrund. In R. Becker (Hrsg.), *Lehrbuch der Bildungssoziologie* (S. 449–473). Wiesbaden: Springer VS.

Diehm, I.; Kuhn, M., Machold, C., & Mai, M. (2013). Ethnische Differenz und Ungleichheit. Eine ethnographische Studie in Bildungseinrichtungen der frühen Kindheit. *Zeitschrift für Pädagogik, 59*, 644–656.

Diehm, I., Kuhn, M., Machold, C., & Mai, M. (2015). Ethnische Differenz und Ungleichheit. Eine Studie zu Bildungsungleichheit im Kinderkarten am Beispiel von Sprachstandserhebungen in Nordrhein-Westfalen. *Erziehung und Unterricht, 2015*(3–4), 344–353.

Dirim, İ., Hauenschild, K., Lütje-Klose, B., Löser, J. M., & Sievers, I. (Hrsg.) (2008). *Ethnische Vielfalt und Mehrsprachigkeit an Schulen. Beispiele aus verschiedenen nationalen Kontexten*. Frankfurt a. M.: Brandes & Apsel.

Doğmuş, A., Karakaşoğlu, Y., & Mecheril, P. (Hrsg.). (2016). *Pädagogisches Können in der Migrationsgesellschaft*. Wiesbaden: Springer VS.

Eisenhuth, F. (2015). *Strukturelle Diskriminierung von Kindern mit unsicherem Aufenthaltsstatus*. Wiesbaden: Springer VS.

Fereidooni, K. (2012). *Das interkulturelle Lehrerzimmer*. Wiesbaden: VS Verlag.

Frenzel, B., Niederhaus, C., Peschel, C., & Rüther, A.-K. (2016). „In unserer Schule sind alle im Grunde ins kalte Wasser gesprungen und alle sind nach'ner Weile belohnt worden durch große Erfolge." Interviews mit Lehrerinnen und Lehrern zu den Besonderheiten des Unterrichtens neu zugewanderter Schülerinnen und Schüler. In C. Benholz, M. Frank, & C. Niederhaus (Hrsg.), *Neu zugewanderte Schülerinnen und Schüler – eine Gruppe mit besonderen Potenzialen* (S. 171–197). Münster: Waxmann.

Geier, T. (2018). Diesseits der Willkommenskultur – Wirksamkeitsversprechen des Sozialen im Kontext freiwilliger Flüchtlingsarbeit. In J.-O. Krüger & T. Müller (Hrsg.), *Wirksamkeit als Argument* (im Erscheinen).

Gogolin, I. (2005). „Integration" – deutsche Erfahrungen und Beispiele von anderswo. In F. Hamburger, T. Badawia, & M. Hummrich (Hrsg.), *Migration und Bildung. Über das Verhältnis von Anerkennung und Zumutung in der Einwanderungsgesellschaft* (S. 279–294). Wiesbaden: VS Verlag.

Gogolin, I., & Duarte, J. (2018). Migration und sprachliche Bildung. In I. Gogolin, V. Georgi, M. Krüger-Potratz, D. Kengyel, & U. Sandfuchs (Hrsg.), *Handbuch interkulturelle Pädagogik* (S. 67–72). Bad Heilbrunn: Klinkhardt.

Gogolin, I., & Lange, I. (2011). Bildungssprache und Durchgängige Sprachbildung. In S. Fürstenau & M. Gomolla (Hrsg.), *Migration und schulischer Wandel: Mehrsprachigkeit* (S. 107–127). Wiesbaden: VS Verlag.

Gomolla, M. (2005). Institutionelle Diskriminierung im Bildungs- und Erziehungssystem. In R. Leoprecht & A. Kerber (Hrsg.), *Schule in der Einwanderungsgesellschaft* (S. 97–109). Schwalbach: Wochenschau.

Gomolla, M., & Radtke, F.-O. (2002). *Institutionelle Diskriminierung. Die Herstellung ethnischer Differenz in der Schule*. Opladen: Leske+Budrich.

Gutiérrez Rodríguez, E. (2003). Repräsentation, Subalternität und postkoloniale Kritik. In H. Steyerl & E. Gutiérrez Rodríguez (Hrsg.), *Spricht die Subalterne deutsch? Migration und postkoloniale Kritik* (S. 17–37). Münster: Unrast.

Hall, S. (1999): Ethnizität: Identität und Differenz. In J. Engelmann (Hrsg.), *Die kleinen Unterschiede. Der Cultural Studies-Reader* (S. 83–98) Frankfurt a. M.: Campus.

Hamburger, F. (1994). *Pädagogik der Einwanderungsgesellschaft*. Frankfurt a. M.: Cooperative.
Hamburger, F. (2005). Der Kampf um Bildung und Erfolg. Eine einleitende Feldbeschreibung. In F. Hamburger, T. Badawia & M. Hummrich (Hrsg.), *Migration und Bildung* (S. 7–22). Wiesbaden: VS Verlag.
Hamburger, F. (2009). *Abschied von der Interkulturellen Pädagogik?* Weinheim/Basel: Beltz Juventa.
Hamburger, F. (2016). Von der Willkommenskultur zum Schießbefehl. Ein nicht nur polemischer Kommentar. *Neue Praxis, Sonderheft 13, Flucht, Sozialstaat und Soziale Arbeit, 2016*, 21–35.
Hark, S., & Villa, P.-I. (2017). *Unterscheiden und herrschen. Ein Essay zu den ambivalenten Verflechtungen von Rassismus, Sexismus und Feminismus in der Gegenwart*. Bielefeld: Transcript.
Helsper, W., & Hummrich, M. (2005). Erfolg und Scheitern in der Schulkarriere. Ausmaß, Erklärungen, biografische Auswirkungen und Reformvorschläge. In Sachverständigenkommission Zwölfter Kinder- und Jugendbericht (Hrsg.), *Kompetenzerwerb von Kindern und Jugendlichen im Schulalter* (S. 95–174, Bd. 3). München: DJI.
Hess, S., Kasparek, B., Krön, S., Rodatz, M., Schwertl, M. & Sontowski, S. (2017) Der lange Sommer der Migration. Krise, Rekonstitution und ungewisse Zukunft des europäischen Grenzregimes. In S. Hess, B. Kasparek, S. Krön, M. Rodatz, M. Schwertl, & S. Sontowski (Hrsg.), *Der lange Sommer der Migration* (S. 6–24, 2. Aufl.). Berlin: Assoziation A.
Hess, S., & Karakayali, S. (2017). Fluchtlinien der Migration. Grenzen als soziale Verhältnisse. In S. Hess, B. Kasparek, S. Krön, M. Rodatz, M. Schwertl, & S. Sontowski (Hrsg.), *Der lange Sommer der Migration* (S. 25–37, 2. Aufl.). Berlin: Assoziation A.
Holzbrecher, A. (Hrsg.). (2013). *Interkulturelle Schule. Eine Entwicklungsaufgabe*. Debus Pädagogik: Schwalbach a. T.
Hormel, U. (2010). Diskriminierung von MigrantInnen im Bildungssystem. In U. Hormel & A. Scherr (Hrsg.), *Diskriminierung. Grundlagen und Forschungsergebnisse* (S. 173–196). Wiesbaden: VS-Verlag.
Hormel, U., & Scherr, A. (Hrsg.). (2004). *Bildung für die Einwanderungsgesellschaft: Perspektiven der Auseinandersetzung mit struktureller, institutioneller und interaktioneller Diskriminierung*. Wiesbaden: VS Verlag.
Hummrich, M. (2001). *In Zukunft auf eigenen Füßen. Bildungsmöglichkeiten und -erschwernisse von Migrantinnen der zweiten Generation*. Mainz: Landesbeauftragte für Ausländerfragen.
Hummrich, M. (2002). *Bildungserfolg und Migration. Biographien junger Frauen in der Einwanderungsgesellschaft*. Opladen: Leske + Budrich.
Hummrich, M. (2009). *Bildungserfolg und Migration. Biographien junger Frauen in der Einwanderungsgesellschaft* (2. Überarbeitete Aufl.) Wiesbaden: VS Verlag.
Hummrich, M. (2017a). Diskriminierung im Erziehungssystem. In A. Scherr, A. Mafaalani, & E. G. Yüksel (Hrsg.), *Handbuch Diskriminierung* (S. 337–352). Wiesbaden: Springer VS.
Hummrich, M. (2017b). Schule und Sozialraum. Erziehungswissenschaftliche Perspektiven: In A. El-Malafaani & P. Strohmeier (Hrsg.), *Auf die Adresse kommt es an. Segregierte Stadtteile als Problem- und Möglichkeitsräume* (S. 168–188). Weinheim: Beltz.
Hummrich, M. (2019): Die Macht der Inklusion. Zur Relationalität von symbolischen Ordnungen in der Schule. In A. Dörpinghaus, R. Stein, D. Egger, & S. Holtmann (Hrsg.), *Inklusion des Humanen*. Bad Heilbrunn: Klinkhardt (im Erscheinen).

Hummrich, M., & Krüger-Potratz, M. (2020). Interkulturaliät und Unterrichten. In E. Kiel, B. Herzig, U. Maier, & U. Sandfuchs (Hrsg.), *Handbuch Unterrichten an allgemeinbildenden Schulen*. Bad Heibrunn: Klinkhardt (im Erscheinen).

Hummrich, M., & Radermacher, S. (2012). Die Wahlverwandtschaft von qualitativer Forschung und Kulturvergleich und ihre Bedeutung für die Erziehungswissenschaft – strukturtheoretische Überlegungen. *Zeitschrift für Qualitative Forschung, 13*(1/2), 39–53.

Hummrich, M., & Terstegen, S. (2017). Qualitative Mehrebenenanalyse im Kulturvergleich. In M. Menz & C. Thon (Hrsg.), *Kindheiten zwischen Familie und Elementarbereich. Differenzdiskurse und Positionierungen von Eltern und pädagogischen Fachkräften* (S. 205–223). Wiesbaden: Springer VS.

Kämpfe, K., & Westphal, M. (2017). *Migration, Bildungsaufstieg und Männlichkeit. Passungsdynamiken zwischen Familie, Schule, Peers und Hochschule*. Kassel: university press.

Karakaşoğlu, Y., & Lüddecke, J. (Hrsg.). (2004). *Migrationsforschung und Interkulturelle Pädagogik: Aktuelle Entwicklungen in Theorie, Empirie und Praxis*. Münster: Waxmann.

Karakaşoğlu, Y., & Wojciechowicz, A. A. (2017). Muslim*innen als Bedrohungsfigur für die Schule. Die Bedeutung des antimuslimischen Rassismus im pädagogischen Setting der Lehramtsausbildung. In K. Fereidooni & M. El (Hrsg.), *Rassismuskritik und Widerstandsformen* (S. 507–528). Wiesbaden: Springer Fachmedien.

Keskinkılıç, O. (2015). Montagsspaziergang. PEGIDA in der Orientalismus-Kritik. *inamo 83*(21), 28–33.

Khakpour, N. (2016). Zugehörigkeitskonstruktionen im Kontext von Schulbesuch und Seiteneinstieg. In C. Benholz, M. Frank, & C. Niederhaus (Hrsg.), *Neu zugewanderte Schülerinnen und Schüler – eine Gruppe mit besonderen Potenzialen* (S. 151–170). Münster: Waxmann.

Landesinstitut für Schule und Weiterbildung (Hrsg.) (1997). *Abschlußbericht eines Modellversuchs- Lernen für Europa 1991–1994*. Bönen: Verlag für Schule und Weiterbildung.

Leiprecht, R., & Kerber, A. (Hrsg.). (2005). *Schule in der Einwanderungsgesellschaft. Ein Handbuch*. Wochenschau: Frankfurt a. M.

Lüdemann, J., Scholz, K., & Schröder, S. (2012). Ausgeprägte Bildungsorientierungen in unterschiedlichen soziokulturellen Kontexten – Ein Fallvergleich. In H.-H. Krüger, A. Deinert, & M. Zschach (Hrsg.), *Jugendliche und ihre Peers. Freundschaftsbeziehungen und Bildungsbiographien in einer Längsschnittperspektive*. Opladen: Budrich.

Mathias, B. (2005). *Rasse und Ethnizität: Zur Problemgeschichte zweier Begriffe in der amerikanischen Soziologie*. Wiesbaden: Springer VS.

Mannitz, S. (2006). *Die verkannte Integration. Eine Langzeitstudie unter Heranwachsenden aus Immigrantenfamilien*. Bielefeld: Transcript.

Massumi, M. (2016). Sprachförderung für geflüchtete Kinder und Jugendliche ohne Schulzugang. In C. Benholz, M. Frank, & C. Niederhaus (Hrsg.), *Neu zugewanderte Schülerinnen und Schüler – eine Gruppe mit besonderen Potenzialen* (S. 197–216). Münster: Waxmann.

Mecheril, P. (2012). Die Religion der Anderen. In B. Allenbach, U. Goel, M. Hummrich, & C. Weißköppel (Hrsg.), *Jugend, Migration und Religion* (S. 35–67). Baden Baden: Nomos.

Mecheril, P., & Quehl, T. (2006). Sprache und Macht. Theoretische Facetten eines (migrations-)pädagogischen Zusammenhangs. In P. Mecheril & T. Quehl (Hrsg.), *Die Macht der Sprachen. Englische Perspektiven auf die mehrsprachige Schule* (S. 355–381). Münster: Waxmann.

Mecheril, P., Thomas-Olalde, O., Melter, C., Arens, S., & Romaner, E. (Hrsg.). (2013). *Migrationsforschung als Kritik? Konturen einer Forschungsperspektive.* Wiesbaden: Springer VS.

Melter, C. (2006). *Rassismuserfahrungen in der Jugendhilfe.* Münster: Waxmann.

Melter, C. (2015). Diskriminierungs- und rassismuskritische Soziale Arbeit und Bildung im postkolonialen und postnationalsozialistischen Deutschland?! Einleitende Überlegungen. In C. Melter (Hrsg.), *Diskriminierungs- und rassismuskritische Soziale Arbeit und Bildung. Praktische Herausforderungen, Rahmungen und Reflexion* (S. 7–19). Weinheim: Beltz Juventa.

Niedrig, H., & Seukwa, H. (2010). Die Ordnung des Diskurses in der Flüchtlingskonstruktion: eine postkoloniale Re-Lektüre. *Diskurs Kindheits- und Jugendforschung,* 5(2), 181–193.

Parreira do Amaral, M., & Amos, S. K. (Hrsg.) (2015). *Internationale und Vergleichende Erziehungswissenschaft: Geschichte, Theorie, Methode und Forschungsfelder.* Münster: Waxmann.

Pfaff, N. (2018). *Methodologische Herausforderungen der Forschung zu Schule und Bildung im Prozess der Transnationalisierung.* Flensburg (Vortragsmitschrift).

Pott, A. (2001). *Ethnizität und Raum im Aufstiegsprozess.* Opladen: Leske + Budrich.

Prengel, A. (2006). *Pädagogik der Vielfalt: Verschiedenheit und Gleichberechtigung in interkultureller, feministischer und integrativer Pädagogik* (3. Aufl.). Wiesbaden: VS Verlag.

Pries, L. (2010). *Transnationalisierung. Theorie und Empirie neuer Vergesellschaftung.* Wiesbaden: VS Verlag.

Riegel, C. (2006). *Die verkannte Integration.* Bielefeld: Transcript.

Riegel, C. (2012). Religion als Differenzmarker. In B. Allenbach, U. Goel, M. Hummrich, & C. Weißköppel (Hrsg.), *Jugend, Migration und Religion. Zu Herstellungsprozessen von Differenz im (sozial-)pädagogischen Sprechen über jugendliche Migrations-Andere* (S. 271–288). Baden Baden: Nomos.

Said, E. (2014). *Orientalismus* (4. Aufl.). Frankfurt a. M.: Fischer (Erstveröffentlichung 1978).

Scherr, A., & Inan, Ç (2017). Flüchtlinge als gesellschaftliche Kategorie und als Konfliktfeld. Ein soziologischer Zugang. In C. Ghaderi & T. Eppenstein (Hrsg.), *Flüchtlinge. Multiperspektivische Zugänge* (S. 129–146). Wiesbaden: Springer VS.

Schramkowski, B., & Ihring, I. (2018). Alltagsrassismus. (K)ein Thema für die Soziale Arbeit? In B. Blank, S. Gögercin, K. Sauer, & B. Schramkowski (Hrsg.), *Soziale Arbeit in der Migrationsgesellschaft.* Wiesbaden: Springer VS.

Schümer, G., Tillmann, K.-J., & Weiß, M. (Hrsg.). (2004). *Die Institution Schule und die Lebenswelt der Schüler.* Wiesbaden: VS Verlag.

Schwendowius, D. (2015). *Bildung und Zugehörigkeit in der Migrationsgesellschaft. Biographien von Studierenden des Lehramts und der Pädagogik.* Bielefeld: Transcript.

Schwendowius, D. (2019). Rassistische Diskriminierung als Handlungsanlass für Schulen und pädagogisch Professionelle. Vergleichende Betrachtungen in deutschen und US-amerikanischen Schulen. *Zeitschrift für Diversitätsforschung und -management,* 2019(1) (im Erscheinen).

Shooman, Y. (2014). „... weil ihre Kultur so ist". Narrative des antimuslimischen Rassismus. Bielefeld: Transcript.
Sievers, I. (2019). Bildungszugänge und -barrieren in der Migrationsgesellschaft Aktuelle Ansätze, Diskurse und Beobachtungen im Kontext von Neumigration. In R. Natarajan (Hrsg.), *Sprache, Flucht, Migration. Kritische, historische und pädagogische Annäherungen* (S. 235–252). Wiesbaden: Springer VS.
Spies, T. (2010). *Migration und Männlichkeit. Biographien junger Straffälliger im Diskurs.* Bielefeld: Transcript.
Stošić, P. (2017). Kinder mit Migrationshintergrund. In I. Diehm, M. Kuhn, & C. Machold (Hrsg.), *Differenz, Ungleichheit, Erziehungswissenschaft* (S. 81–99). Wiesbaden: Springer VS.
Terkessidis, M. (2017). *Nach der Flucht. Neue Ideen für die Einwanderungsgesellschaft.* Stuttgart: Reclam.
Tertilt, H. (1996). *Turkish Power Boys: Ethnographie einer Jugendbande.* Frankfurt a. M.: Suhrkamp.
Thoma, N. (2018). *Sprachbiographien in der Migrationsgesellschaft. Eine rekonstruktive Studie zu Bildungsverläufen von Germanistikstudent*innen.* Bielefeld: Transcript.
Thoma, N., & Knappik, M. (Hrsg.) (2015). *Sprache und Bildung in Migrationsgesellschaften Machtkritische Perspektiven auf ein prekarisiertes Verhältnis.* Bielefeld: Transcript.
Tunç, M. (2018). *Väterforschung und Väterarbeit in der Migrationsgesellschaft: Rassismuskritische und intersektionale Perspektiven.* Wiesbaden: Springer VS.
Weber, M. (2003). *Heterogenität in der Schulklasse.* Opladen: Leske + Budrich.
Wegner, A., & Dirim, İ. (Hrsg.). (2016). *Mehrsprachigkeit und Bildungsgerechtigkeit: Erkundungen einer didaktischen Perspektive.* Opladen: Budrich.
Yildiz, E., & Hill, M. (Hrsg.) (2015). *Nach der Migration. Postmigrantische Perspektiven jenseits der Parallelgesellschaft.* Bielefeld: Transcript.